EXPERT
LES ÉNIGMES DE
TURING

DÉFIS CÉRÉBRAUX

PRÉFACE DE
DERMOT TURING

GREMESE

À PROPOS D'ÉNIGMES, VOICI LES AUTRES OFFRES DE NOTRE CATALOGUE :

Expert – Les énigmes de Turing :
Jeux d'intelligence, Énigmes mathématiques, Sudoku

Les énigmes de Bletchley Park :
Nombres & Mathématiques
Test de QI
Énigmes logiques et mathématiques
Sudoku
Boostez votre cerveau
Casse-têtes à résoudre en 1 minute

IntelliJeux :
Brain Power
Memory Power

Titre original : *Expert – Brain Training Puzzles*

Traduction de l'anglais : Flavie Bertin

Impression : FP Design – Pavona (Rome)

ISBN : 978-2-36677-269-2

Dépôt légal : juillet 2021
(Imprimé en Italie)

SOMMAIRE

PRÉFACE

La dernière publication signée par Alan Turing parlait de casse-têtes et de devinettes. Rédigée pour la revue scientifique populaire « Penguin Science News », elle visait à expliquer au lecteur ordinaire la thèse selon laquelle, tandis que la grande majorité des problèmes mathématiques peut être résolue, il n'est pas possible de savoir par avance si un problème quel qu'il soit est résoluble ou non.

Le travail d'Alan Turing à Bletchley Park est bien connu : il a résolu l'une des énigmes les plus importantes sur le plan stratégique de la Seconde Guerre mondiale, la machine à chiffrer « Enigma ». Cette machine utilisait un code différent pour chaque lettre d'un message ; la seule façon de le déchiffrer était donc de savoir comment la machine avait été configurée au début du chiffrement, puis de suivre son fonctionnement mécanique. Et c'était justement ce que les décrypteurs tentaient de découvrir. Au début, ils n'avaient que du papier quadrillé et des crayons, et ils ont dû élaborer les réglages quotidiens de la machine à chiffrer, en faisant preuve d'intuition et d'ingéniosité. Ces caractéristiques constituent le raisonnement mathématique, selon Alan Turing, qui était persuadé qu'il n'y avait aucune différence entre les processus de raisonnement d'un humain muni d'un crayon, d'une gomme et de papier, et ceux d'un ordinateur.

Bien qu'ils n'aient pas eu d'ordinateurs pour leur faciliter la tâche, de nouveaux dispositifs électriques et électroniques ont été inventés – avec l'aide d'Alan Turing – pour éliminer les combinaisons impossibles et improbables et réduire ainsi le problème à une taille gérable. Et l'expérience acquise avec ces nouvelles machines a jeté les bases du développement des ordinateurs numériques électroniques dans les années d'après-guerre.

Les ordinateurs sont de nos jours très répandus – on en trouve sur les lieux de travail et sur nos bureaux à la maison, dans les smartphones et les tablettes mais aussi à l'intérieur de presque toutes les machines modernes – et, on demande à tout enseignant d'avoir une certaine maîtrise de l'informatique.

Mais malheureusement, ceci n'est pas le cas dans le monde entier. En Afrique, l'accès à l'informatique à l'école est très inégal, et dans certains pays les étudiants n'ont aucune possibilité (ou presque) d'acquérir de l'expérience sur un véritable ordinateur. Au Malawi, le pourcentage d'étudiants qui peut utiliser un ordinateur à la maison est de 8 % mais les écoles équipées de matériel informatique garantissent à plus de 90 % d'entre-eux une connaissance technologique de base. Les ordinateurs motivent les étudiants : 98 % d'entre-eux affirment qu'il est beaucoup plus amusant d'apprendre lorsqu'on peut le faire par le biais des ordinateurs.

Le Turing Trust, une œuvre de bienfaisance fondée en 2009 par l'un des arrières-petits neveux d'Alan Turing, James, tente de relever ces défis à travers une approche pratique qui rend hommage à l'héritage du célèbre scientifique. Le Turing Trust fournit aux étudiants africains des ordinateurs d'occasion en bon état de marche, de façon à permettre la mise en place de laboratoires même dans les zones rurales où l'enseignement informatique serait sinon encore dispensé avec des craies et des tableaux noirs. Les ordinateurs sont remis en état et sont dotés d'une bibliothèque numérique contenant les ressources les plus significatives pour les besoins locaux. Ils sont ensuite expédiés afin d'offrir de nouvelles opportunités aux communautés défavorisées.

Merci d'avoir contribué, à travers l'achat de ce livre, à la cause du Turing Trust.

Sir Dermot Turing

Pour en savoir plus, www.turingtrust.co.uk

Note pour le lecteur :
Les énigmes qui suivent sont divisées en trois différents niveaux de difficulté. Celles du troisième niveau représentent des défis passionnants pour les amateurs d'énigmes les plus expérimentés.
Sauf indication, toutes les citations du livre sont d'Alan Turing.

DOMINO

Ci-dessous, un jeu standard de 28 pièces de dominos. Serez-vous capable de retracer les contours de chacune d'elles ? Une grille de contrôle est fournie pour vous aider et une des pièces est déjà positionnée dans le schéma.

2	1	2	6	0	3	2
1	6	1	0	6	6	2
1	4	1	4	4	1	0
0	4	5	2	3	3	3
4	6	6	0	5	4	4
3	5	5	6	5	1	6
5	3	0	5	0	2	3
1	3	2	2	0	5	4

0-0	0-1	0-2	0-3	0-4	0-5	0-6	1-1	1-2	1-3	1-4	1-5	1-6	2-2
				✓									

2-3	2-4	2-5	2-6	3-3	3-4	3-5	3-6	4-4	4-5	4-6	5-5	5-6	6-6

HIDATO

Inscrivez les nombres de 1 à 49,
en suivant un chemin d'une case à l'autre, horizontalement,
verticalement ou en diagonale, en plaçant des chiffres
consécutifs dans les cases vides au fur et à mesure.

15			12			6
18		20	11	23		
30	28			25		3
		27		49	1	
45	46	47	48	34		37
			41			36

3

SOMMES TOTALES

Remplissez chaque case vide de manière à ce que chaque ligne contienne dix chiffres différents de 0 à 9. Dans les colonnes, les chiffres peuvent se répéter, mais partout où une case en touche une autre, que ce soit horizontalement, verticalement ou en diagonale, les chiffres doivent être différents. Certains sont déjà en place. Les cases noires indiquent la somme totale des chiffres de chaque colonne.

	6		8		1		7		5
4			1	2	5	6			0
	5		3			4		6	1
		9		1		6	2	0	
	1	0					8	3	
2	8		5		1				4
19	**35**	**34**	**24**	**23**	**27**	**27**	**33**	**23**	**25**

« Il [Turing] avait l'habitude de se rendre au travail à vélo… Il portait son masque à gaz civil pour se protéger du rhume des foins. Cet accoutrement a suscité une certaine appréhension… Certains scrutaient le ciel à la recherche d'avions ennemis et d'autres mettaient leur masque à gaz par précaution ».

Sara Turing, mère d'Alan Turing

4

LIENS NUMÉRIQUES

En passant d'une case à l'autre, horizontalement ou verticalement (jamais en diagonale), tracez des chemins continus pour relier chaque paire de nombres identiques. Aucune ligne ne peut en croiser une autre, aucune ne peut traverser une case contenant un chiffre, et vous ne pouvez passer qu'une seule fois sur chaque case.

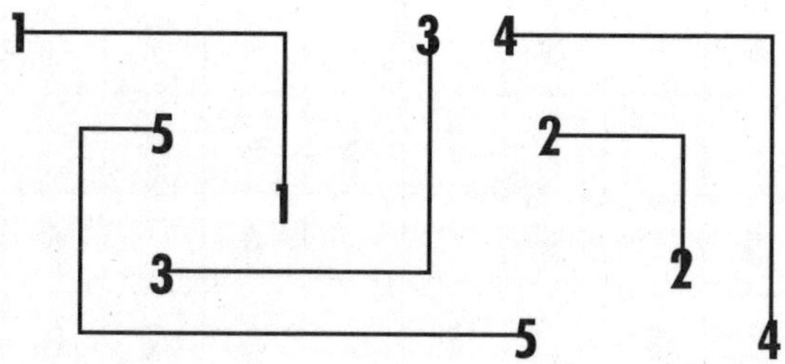

				8	18				11
8	4	3					12		12
5			18	2			13		13
						11	14		
			6	3				2	14
		6	17						17
		1							
5	4				10		15	7	
10			9			1	9		
16				16				7	15

ALLUMEZ LA LUMIÈRE

Placez des cercles (représentant des ampoules) dans certaines des cases vides – en évitant que deux ampoules ne s'éclairent l'une l'autre – jusqu'à ce que chaque case de la grille soit éclairée. Une ampoule envoie des rayons de lumière horizontalement et verticalement, éclairant toute sa ligne et sa colonne, à moins que sa lumière ne soit bloquée par une case noire. Certaines cases noires contiennent des chiffres, indiquant combien d'ampoules se trouvent dans des cases adjacentes, soit immédiatement au-dessus, au-dessous, à droite ou à gauche. Les ampoules placées en diagonale à côté d'une case numérotée ne sont pas comptabilisées. Une case noire non numérotée peut avoir un nombre quelconque d'ampoules adjacentes, ou aucune, et donc toutes les ampoules ne sont pas nécessairement indiquées par les cases noires.

GRATTE-CIELS

Placez les chiffres de 1 à 6 dans chaque ligne et colonne, un nombre par case. Chaque nombre représente un gratte-ciel avec le nombre d'étages correspondant.
Placez les gratte-ciels de sorte que le nombre à l'extérieur de la grille représente le nombre de bâtiments qui peuvent être vus à partir de ce point, en ne regardant que la ligne ou la colonne de ce nombre. Un gratte-ciel avec un nombre inférieur d'étages ne peut pas cacher un bâtiment plus haut, mais un gratte-ciel avec un nombre plus élevé d'étages cache toujours un bâtiment plus bas derrière lui.

		3	**2**		**4**	**3**	
2							**2**
1							**3**
3							
4							**1**
	2	**2**	**3**	**4**			

7

COLLECTION DE PIÈCES

Dans cette énigme, un collectionneur de pièces de monnaie est sorti avec son détecteur de métaux à la recherche d'un butin. N'ayant pas eu le temps de déterrer toutes les pièces trouvées, il a donc créé un plan sous forme de grille qui indique leurs emplacements, avec l'espoir que s'il venait à perdre la carte, personne d'autre que lui ne serait en mesure de la lire… Cependant, il n'avait pas prévu que VOUS tomberiez sur l'étrange grille (ci-dessous). Serez-vous capable de découvrir le nombre exact de pièces et leur emplacement précis ? Les cases contenant des chiffres sont vides mais la présence d'un chiffre s'y trouvant indique combien de pièces sont positionnées dans les cases (jusqu'à un maximum de huit) qui entourent la case numérotée. Il n'y a qu'une seule pièce dans chaque case individuelle. Placez un cercle dans chaque case contenant une pièce.

	2							
1		1		2		2		2
	2	1	3		4		3	
						3		1
	2		4				3	
2	2	1			3		2	
		3				2		2
3		4			1		2	
	2							

8

PAS TROIS DE SUITE

Placez un O ou un X dans chaque case vide, de sorte qu'aucune des trois cases consécutives d'une ligne horizontale ou d'une colonne verticale ne contienne plus de deux fois le même symbole.
Il doit y avoir autant de O que de X dans chaque ligne et colonne.

O		X	X			O	
				X	X		X
	O						
		X			O		
			O				O
	O	X					
				O		X	O
				O	X		

COMBIKU

Chaque rangée horizontale et chaque colonne verticale doit contenir cinq formes différentes et cinq chiffres différents. Chaque case contient un chiffre et une forme, et aucune combinaison ne peut être répétée ailleurs dans la grille ; ainsi, par exemple, si une case contient un 3 et une étoile, aucune autre case contenant un 3 ne contiendra également une étoile, et aucune autre case avec une étoile ne contiendra également un 3.

1 2 3 4 5

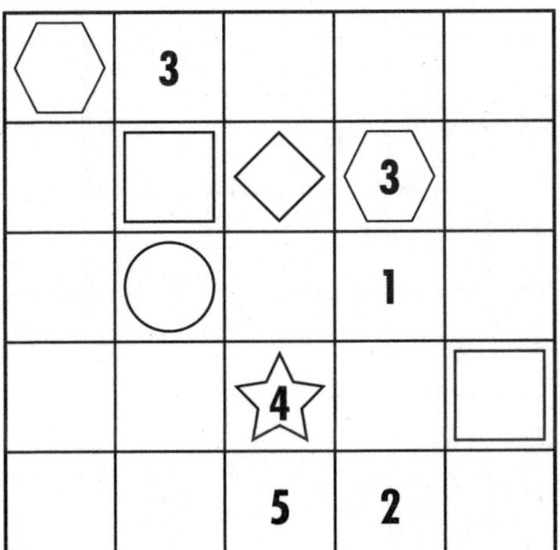

10

LOGI-6

Chaque ligne et chaque colonne de cette grille doit contenir une des lettres A, B, C, D, E et F. De plus, chacune des six formes (marquées par des lignes plus épaisses) doit également contenir une des lettres A, B, C, D, E et F. Serez-vous capable de compléter la grille ?

E			A		
			F		D
	C	D			
		B		C	F
	A				

11

CHERCHEUR DE FORMES

La grille ci-dessous est divisée en zones de trois cases. Certaines doivent contenir trois formes différentes : un cercle, un carré et un triangle ; d'autres doivent contenir trois formes identiques. Lorsque deux cases partagent un côté à travers une frontière de région, les formes doivent être différentes.

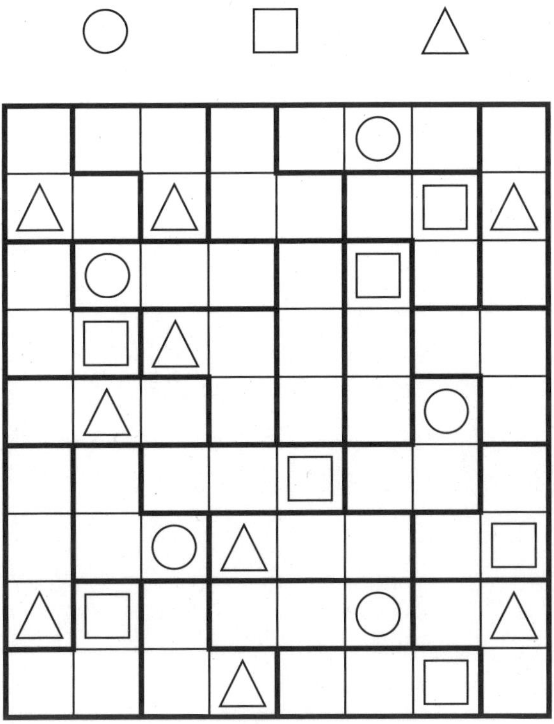

12

CHAÎNES

Remplissez chaque case vide avec un chiffre de 1 à 7.
Chaque ligne horizontale, colonne verticale,
ensemble de sept cercles reliés et ligne diagonale de sept
cercles doit contenir sept nombres différents.

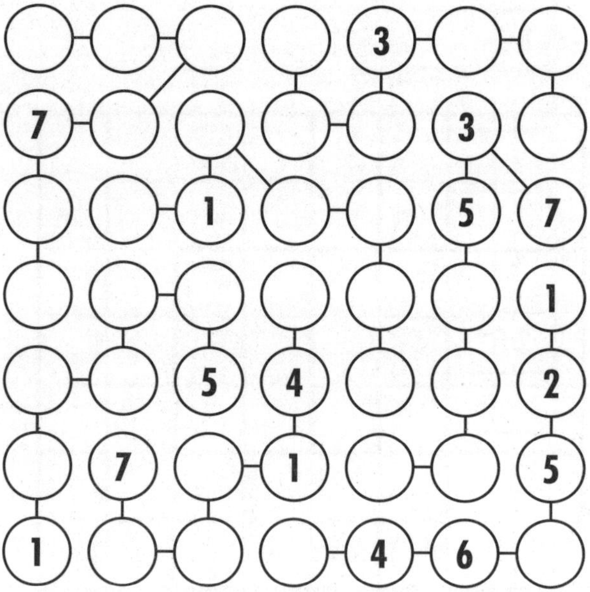

13

MUR DE BRIQUES

Remplissez chaque case avec un chiffre de 1 à 8. Aucun chiffre ne peut apparaître deux fois dans la même ligne ou colonne. Chaque brique constituée de deux cases contient à la fois un nombre impair et un nombre pair.

	7						6
8			3		7		
	4				5	2	
	6				2	7	
2		4	7	8			
	2	5			3		
3					4		2
		2				3	

Le Test de Turing, présenté dans l'article « Computing machinery and intelligence » a établi les paramètres pour mesurer la capacité d'une machine à démontrer un comportement intelligent équivalent ou indifférenciable de celui d'un être humain.

14

PATCHWORK

Remplissez chaque case avec une lettre de A à E, et chaque ensemble de cinq cases aux contours définis en gras doit contenir cinq lettres différentes. Chaque ligne et chaque colonne doivent contenir deux fois chaque lettre. Les cases qui partagent une bordure commune ne peuvent pas contenir la même lettre.

E									
D			C					E	
			B			A		B	
		A		C					
			B		C		A		C
	D						E	A	
D		C	E		C				
C	D			B					B
	E				A		C		
	A	C	D			A			C

15

TRACEUR DE LIGNES

Tracez une seule ligne continue en reliant les points.
Aucune portion de ligne ne peut en croiser une autre.
Le chiffre à l'intérieur de chaque ensemble de quatre points indique le nombre total de lignes qui l'entourent.

	2		1	1		1	3	
2	2	3	3	1	2	2		
3		1			2	1		
			3		2			
	3			2	2	2	1	2
3		3	2			3		2
2				3		2		1
					1			2
2		2	1	1			2	

16

CALCUDOKU

Chaque ligne et colonne doit contenir six chiffres différents de 1 à 6. Les chiffres placés dans un ensemble de cases délimité en gras peuvent se répéter, mais doivent donner le résultat du calcul indiqué dans le coin supérieur gauche, à l'aide du symbole mathématique indiqué : multiplier (x), diviser (/), ajouter (+) et soustraire (-).
Par exemple, lorsqu'ils sont multipliés, les chiffres 4 et 3 donnent 12 :

12x **4**	**3**

7+	36x	20x		15x	
				2/	10+
1–		5+			
1–	15x	6/	3/	3–	
				2–	3/
2/		1–			

17

PONTS

Reliez les îles circulaires en traçant des lignes horizontales ou verticales pour représenter des ponts, de telle sorte que la quantité de ponts reliés à chaque île doit correspondre au chiffre inscrit sur celles-ci. Aucun pont ne peut en traverser un autre, et pas plus de deux ponts ne peuvent relier une paire d'îles. Le dessin terminé vous permettra de voyager d'une île à n'importe quelle autre île de la carte.

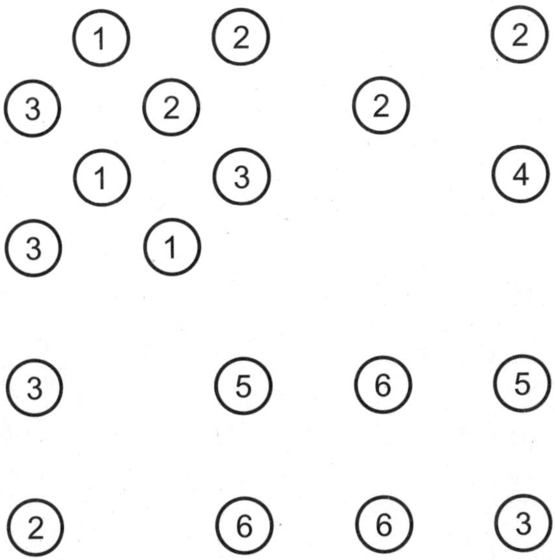

PAS QUATRE DE SUITE

Placez un O ou un X dans chaque case vide, de sorte qu'aucune des quatre cases consécutives dans chaque direction (horizontale, verticale et diagonale) ne contienne plus de trois fois le même symbole.

X			O			X	O		X
X			X					O	O
X	O		O		X		O		X
		O			X				
					O		X	O	X
			X		O				
	X				X	X		O	
	X				X			X	O
		X				O		X	
O		O				X	X		O
O	X	X				O	O		O

BATAILLE NAVALE

Réussirez-vous à placer les bateaux dans la grille ? Certaines parties de bateaux ou cases de mer ont déjà été insérées. Le numéro à droite ou en-dessous d'une ligne ou d'une colonne représente le nombre de cases occupées dans la ligne ou colonne correspondante. Chaque bateau peut être placé horizontalement ou verticalement, mais aucun bout de bateau ne peut toucher un autre bateau, que ce soit horizontalement, verticalement ou en diagonale.

Zone de mer vide : ≈

Porte-avion : ◀■■▶

Cuirassés : ◀■▶ ◀■▶

Croiseurs : ◀▶ ◀▶ ◀▶

Sous-marins : ● ● ● ●

									2
	◀								4
									2
									0
								●	3
									2
									3
									0
								●	4
0	5	1	1	5	1	0	3	4	

20

FUTOSHIKI

Remplissez la grille de façon à ce que chaque ligne horizontale et chaque colonne verticale contiennent tous les chiffres de 1 à 7. Les flèches dans la grille pointent toujours vers une case contenant un nombre inférieur.

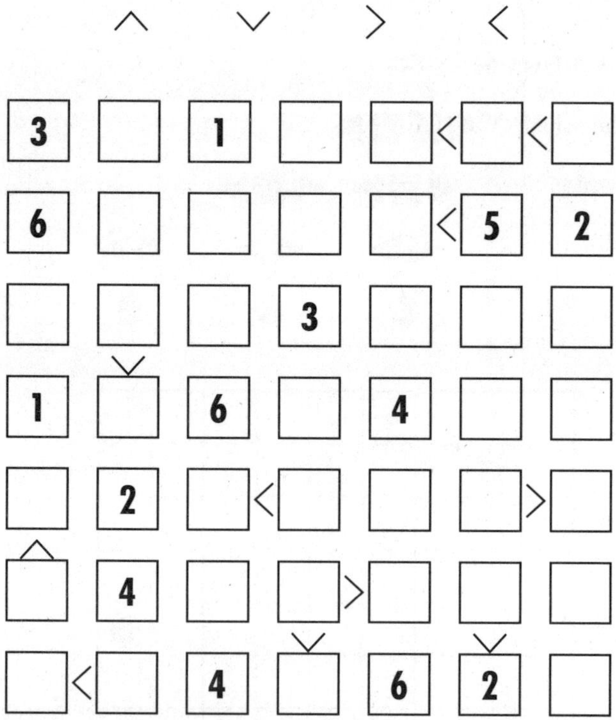

21

DOMINO

Ci-dessous, un jeu standard de 28 pièces de dominos.
Serez-vous capable de retracer les contours de chacune d'elles ?
Une grille de contrôle est fournie pour vous aider et une
des pièces est déjà positionnée dans le schéma.

5	1	1	4	3	6	3
2	6	4	4	2	2	4
0	1	1	5	6	6	5
2	6	0	0	5	0	5
4	6	3	2	3	0	5
4	1	5	2	0	2	4
4	0	6	3	3	0	1
6	1	1	3	5	3	2

0-0	0-1	0-2	0-3	0-4	0-5	0-6	1-1	1-2	1-3	1-4	1-5	1-6	2-2

2-3	2-4	2-5	2-6	3-3	3-4	3-5	3-6	4-4	4-5	4-6	5-5	5-6	6-6

22

HIDATO

Inscrivez les nombres de 1 à 49,
en suivant un chemin d'une case à l'autre, soit horizontalement, verticalement ou en diagonale, en plaçant des chiffres consécutifs dans les cases vides au fur et à mesure.

	8			5		
10		12	6		1	3
21				16	15	41
	23	19	25			42
		26	37			44
30			36			
	29	35		49	46	

23

SOMMES TOTALES

Remplissez chaque case vide de manière à ce que chaque ligne contienne dix chiffres différents de 0 à 9. Dans les colonnes, les chiffres peuvent se répéter, mais partout où une case en touche une autre, que ce soit horizontalement, verticalement ou en diagonale, les chiffres doivent être différents. Certains sont déjà en place. Les cases noires indiquent la somme totale des chiffres de chaque colonne.

5		4				7	0		
	9			8	0	2	3		4
2	4	6	1					8	
		9	5			6	3	1	
	6			7	3			8	
	9	7		5	0				3
20	**43**	**35**	**13**	**32**	**20**	**29**	**21**	**34**	**23**

« Si l'on peut expliquer sans ambiguïté, avec l'aide de symboles mathématiques si nécessaire, comment effectuer un calcul, il est alors toujours possible de programmer n'importe quel ordinateur numérique pour effectuer ce calcul ».

LIENS NUMÉRIQUES

En passant d'une case à l'autre, horizontalement ou verticalement (jamais en diagonale), tracez des chemins continus pour relier chaque paire de nombres identiques. Aucune ligne ne peut en croiser une autre, aucune ne peut traverser une case contenant un chiffre, et vous ne pouvez passer qu'une seule fois sur chaque case.

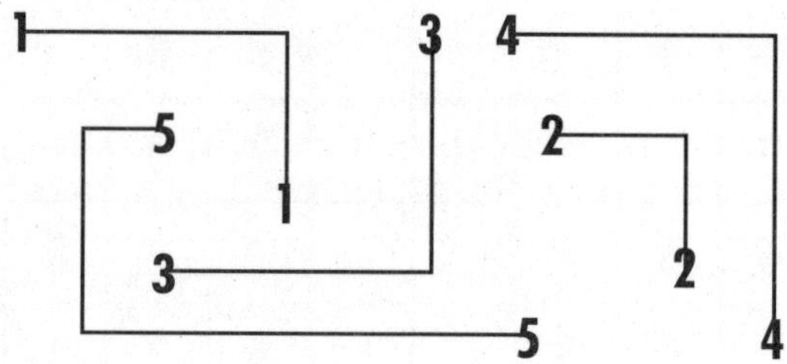

3					3				17
				8	6		5		
8	13	9				5		6	
14				13			9	4	
	2	18					18		17
		10		1			11		16
14				15		4			
						16			
2			1	15		11	7		
10		12						12	7

25

ALLUMEZ LA LUMIÈRE

Placez des cercles (représentant des ampoules) dans certaines des cases vides – en évitant que deux ampoules ne s'éclairent l'une l'autre – jusqu'à ce que chaque case de la grille soit éclairée. Une ampoule envoie des rayons de lumière horizontalement et verticalement, éclairant toute sa ligne et sa colonne, à moins que sa lumière ne soit bloquée par une case noire. Certaines cases noires contiennent des chiffres, indiquant combien d'ampoules se trouvent dans des cases adjacentes, soit immédiatement au-dessus, au-dessous, à droite ou à gauche. Les ampoules placées en diagonale à côté d'une case numérotée ne sont pas comptabilisées. Une case noire non numérotée peut avoir un nombre quelconque d'ampoules adjacentes, ou aucune, et donc toutes les ampoules ne sont pas nécessairement indiquées par les cases noires.

	2					
				1		0
				0	1	0
		1	0			
	1				2	

26

GRATTE-CIELS

Placez les chiffres de 1 à 6 dans chaque ligne et colonne, un nombre par case. Chaque nombre représente un gratte-ciel avec le nombre d'étages correspondant.
Placez les gratte-ciels de sorte que le nombre à l'extérieur de la grille représente le nombre de bâtiments qui peuvent être vus à partir de ce point, en ne regardant que la ligne ou la colonne de ce nombre. Un gratte-ciel avec un nombre inférieur d'étages ne peut pas cacher un bâtiment plus haut, mais un gratte-ciel avec un nombre plus élevé d'étages cache toujours un bâtiment plus bas derrière lui.

		2	3	4		2	
1							
2							4
3							4
6							
3							
	3	3	4		3		

27

COLLECTION DE PIÈCES

Dans cette énigme, un collectionneur de pièces de monnaie est sorti avec son détecteur de métaux à la recherche d'un butin. N'ayant pas eu le temps de déterrer toutes les pièces trouvées, il a donc créé un plan sous forme de grille qui indique leurs emplacements, avec l'espoir que s'il venait à perdre la carte, personne d'autre que lui ne serait en mesure de la lire… Cependant, il n'avait pas prévu que VOUS tomberiez sur l'étrange grille (ci-dessous). Serez-vous capable de découvrir le nombre exact de pièces et leur emplacement précis ? Les cases contenant des chiffres sont vides mais la présence d'un chiffre s'y trouvant indique combien de pièces sont positionnées dans les cases (jusqu'à un maximum de huit) qui entourent la case numérotée. Il n'y a qu'une seule pièce dans chaque case individuelle. Placez un cercle dans chaque case contenant une pièce.

	2		2		2		2	
	4			2	3			1
	2		2			3		1
					3	2		2
1	1						4	
		2		3				2
				4	4			
	2	4					5	
			3			2		

28

PAS TROIS DE SUITE

Placez un O ou un X dans chaque case vide, de sorte qu'aucune des trois cases consécutives d'une ligne horizontale ou d'une colonne verticale ne contienne plus de deux fois le même symbole.
Il doit y avoir autant de O que de X dans chaque ligne et colonne.

O	X		O				X
			X				O
O				X		O	
		X		X			X
			X				
	X	X		X			
	X				X		

29

COMBIKU

Chaque rangée horizontale et chaque colonne verticale doit contenir cinq formes différentes et cinq chiffres différents. Chaque case contient un chiffre et une forme, et aucune combinaison ne peut être répétée ailleurs dans la grille ; ainsi, par exemple, si une case contient un 3 et une étoile, aucune autre case contenant un 3 ne contiendra également une étoile, et aucune autre case avec une étoile ne contiendra également un 3.

1 2 3 4 5

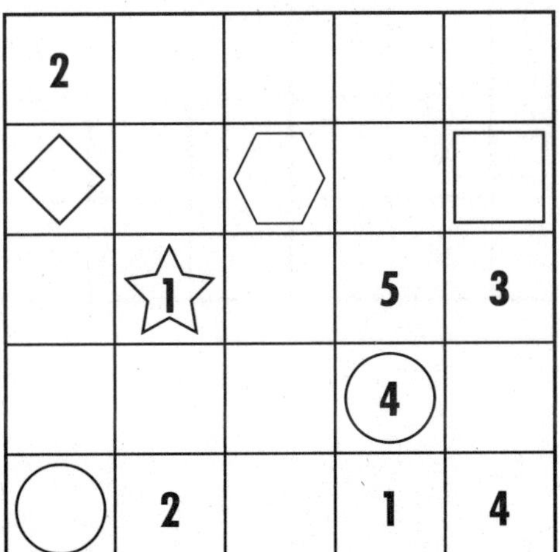

30

LOGI-6

Chaque ligne et chaque colonne de cette grille doit contenir une des lettres A, B, C, D, E et F.
De plus, chacune des six formes (marquées par des lignes plus épaisses) doit également contenir une des lettres A, B, C, D, E et F. Serez-vous capable de compléter la grille ?

B	**A**		**E**		
	D				**F**
F	**B**				**C**
	C			**A**	

31

CHERCHEUR DE FORMES

La grille ci-dessous est divisée en zones de trois cases. Certaines doivent contenir trois formes différentes : un cercle, un carré et un triangle ; d'autres doivent contenir trois formes identiques. Lorsque deux cases partagent un côté à travers une frontière de région, les formes doivent être différentes.

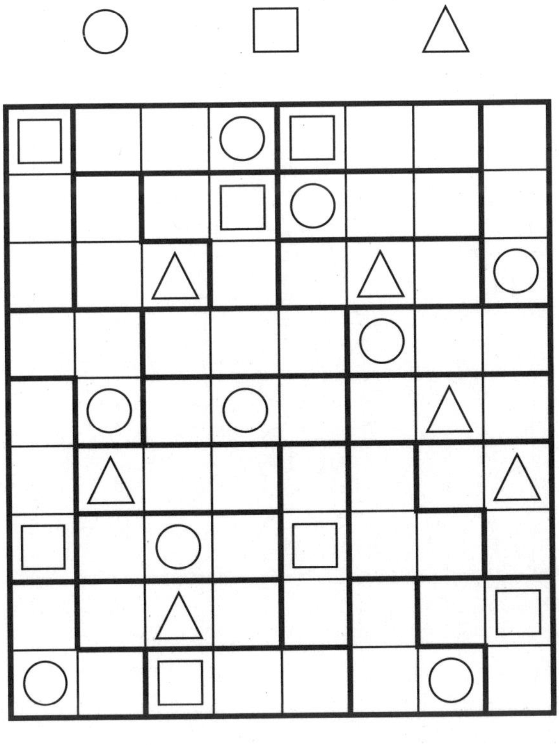

32

CHAÎNES

Remplissez chaque case vide avec un chiffre de 1 à 7.
Chaque ligne horizontale, colonne verticale,
ensemble de sept cercles reliés et ligne diagonale de sept
cercles doit contenir sept nombres différents.

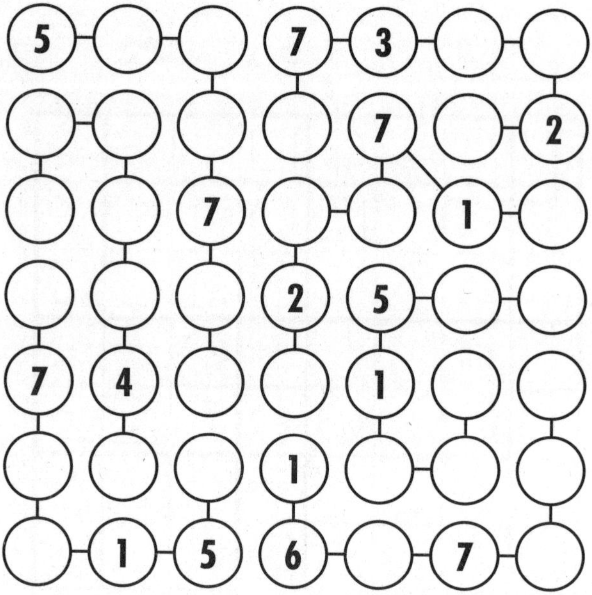

33

MUR DE BRIQUES

Remplissez chaque case avec un chiffre de 1 à 8. Aucun chiffre ne peut apparaître deux fois dans la même ligne ou colonne. Chaque brique constituée de deux cases contient à la fois un nombre impair et un nombre pair.

				1			
	3					2	7
			1		8	3	6
		8	2				
3	8			2			
	1			8	2		
	5					1	
4			7	6		8	

Une statue d'Alan Turing se trouve dans les Whitworth Gardens, à Manchester. En 2012, la flamme olympique a été transmise d'une personne à l'autre devant cette statue, à l'occasion de ce qui aurait été son 100e anniversaire.

34

PATCHWORK

Remplissez chaque case avec une lettre de A à E, et chaque ensemble de cinq cases aux contours définis en gras doit contenir cinq lettres différentes. Chaque ligne et chaque colonne doivent contenir deux fois chaque lettre. Les cases qui partagent une bordure commune ne peuvent pas contenir la même lettre.

C		B				D		B	
E	C			A					D
C		D	C				A		
							C	E	A
		D							
		B	D	E	C		E		
	D		B	A				A	D
	A					E			
	D				A		D	C	
									B

35

TRACEUR DE LIGNES

Tracez une seule ligne continue en reliant les points.
Aucune portion de ligne ne peut en croiser une autre.
Le chiffre à l'intérieur de chaque ensemble de quatre points indique le nombre total de lignes qui l'entourent.

		1	2		3	3		3
2	1			1		2		
		3				1		
		1		2			2	1
	1				1	3		
3		3	3	3			0	1
3	1			2		3		1
								2
3			3		3			3

36

CALCUDOKU

Chaque ligne et colonne doit contenir six chiffres différents de 1 à 6. Les chiffres placés dans un ensemble de cases délimité en gras peuvent se répéter, mais doivent donner le résultat du calcul indiqué dans le coin supérieur gauche, à l'aide du symbole mathématique indiqué : multiplier (x), diviser (/), ajouter (+) et soustraire (-). Par exemple, lorsqu'ils sont multipliés, les chiffres 4 et 3 donnent 12 :

12x 4	3

1–		2/	18x		
10+	8+		30x		
			4/	13+	
1–	20x			10x	
		2/			
3/		3/		9+	

37

PONTS

Reliez les îles circulaires en traçant des lignes horizontales ou verticales pour représenter des ponts, de telle sorte que la quantité de ponts reliés à chaque île doit correspondre au chiffre inscrit sur celles-ci. Aucun pont ne peut en traverser un autre, et pas plus de deux ponts ne peuvent relier une paire d'îles. Le dessin terminé vous permettra de voyager d'une île à n'importe quelle autre île de la carte.

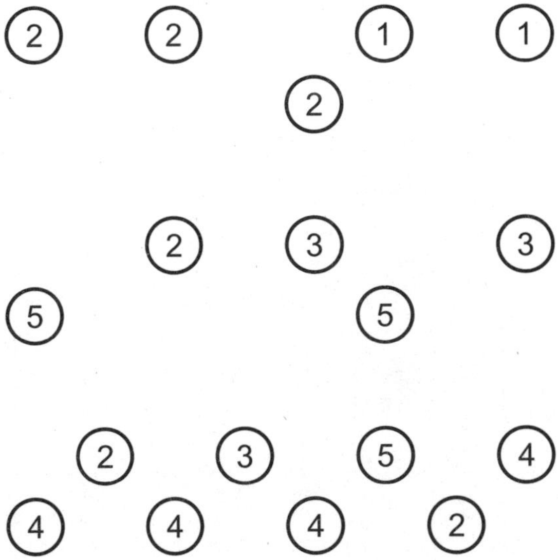

38

PAS QUATRE DE SUITE

Placez un O ou un X dans chaque case vide, de sorte qu'aucune des quatre cases consécutives dans chaque direction (horizontale, verticale et diagonale) ne contienne plus de trois fois le même symbole.

	X	X		O		O			
O				X		O	O		O
O				X		O			
		X						X	O
	X			X	X				
X		X			X	X			
X		O	X		O				
		X				X		X	X
O		O			O		X		X
	O			O	X				
O		X	X			X		X	X

39

BATAILLE NAVALE

Réussirez-vous à placer les bateaux dans la grille ? Certaines parties de bateaux ou cases de mer ont déjà été insérées. Le numéro à droite ou en-dessous d'une ligne ou d'une colonne représente le nombre de cases occupées dans la ligne ou colonne correspondante. Chaque bateau peut être placé horizontalement ou verticalement, mais aucun bout de bateau ne peut toucher un autre bateau, que ce soit horizontalement, verticalement ou en diagonale.

Zone de mer vide : ≈

Porte-avion : ◀■■▶

Cuirassés : ◀■▶ ◀■▶

Croiseurs : ◀▶ ◀▶ ◀▶

Sous-marins : ● ● ● ●

			≈				▲		5
									1
									0
					≈				2
									4
									3
									1
									2
●									2
2	4	1	5	0	4	1	2	1	

40

FUTOSHIKI

Remplissez la grille de façon à ce que chaque ligne horizontale et chaque colonne verticale contiennent tous les chiffres de 1 à 7. Les flèches dans la grille pointent toujours vers une case contenant un nombre inférieur.

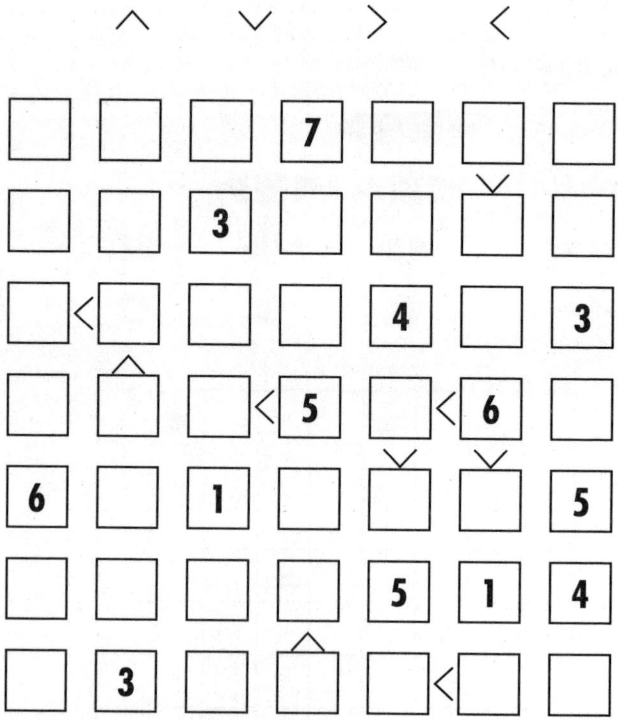

41

DOMINO

Ci-dessous, un jeu standard de 28 pièces de dominos.
Serez-vous capable de retracer les contours de chacune d'elles ?
Une grille de contrôle est fournie pour vous aider et une des pièces est déjà positionnée dans le schéma.

5	6	0	6	3	2	2
6	1	0	2	0	5	4
4	4	3	5	5	3	0
0	2	2	1	6	1	1
1	6	0	1	4	3	2
5	5	0	4	4	3	4
6	3	5	4	5	1	2
6	3	0	3	6	2	1

0-0	0-1	0-2	0-3	0-4	0-5	0-6	1-1	1-2	1-3	1-4	1-5	1-6	2-2

2-3	2-4	2-5	2-6	3-3	3-4	3-5	3-6	4-4	4-5	4-6	5-5	5-6	6-6
						✓							

42

HIDATO

Inscrivez les nombres de 1 à 49,
en suivant un chemin d'une case à l'autre, soit horizontalement,
verticalement ou en diagonale, en plaçant des chiffres
consécutifs dans les cases vides au fur et à mesure.

			26	24		47
32	30	29		49	23	
				41	22	
	4		40			44
	5		10	20	19	
	6	11				17
1				13		16

43

SOMMES TOTALES

Remplissez chaque case vide de manière à ce que chaque ligne contienne dix chiffres différents de 0 à 9. Dans les colonnes, les chiffres peuvent se répéter, mais partout où une case en touche une autre, que ce soit horizontalement, verticalement ou en diagonale, les chiffres doivent être différents. Certains sont déjà en place. Les cases noires indiquent la somme totale des chiffres de chaque colonne.

		4		8	5		7	2	3
3				9	6	0			4
	8		4			7		1	3
	7				4		3		5
3	9		7		2				
2	8			9			4	6	
15	**45**	**16**	**20**	**43**	**29**	**26**	**33**	**27**	**16**

« J'ai toujours pensé qu'Alan et son ami Christopher Morcom étaient les deux garçons les plus brillants à qui j'ai enseigné ».

A.J.P. Andrews, professeur de Sciences à l'école de Sherborne

44

LIENS NUMÉRIQUES

En passant d'une case à l'autre, horizontalement ou verticalement (jamais en diagonale), tracez des chemins continus pour relier chaque paire de nombres identiques. Aucune ligne ne peut en croiser une autre, aucune ne peut traverser une case contenant un chiffre, et vous ne pouvez passer qu'une seule fois sur chaque case.

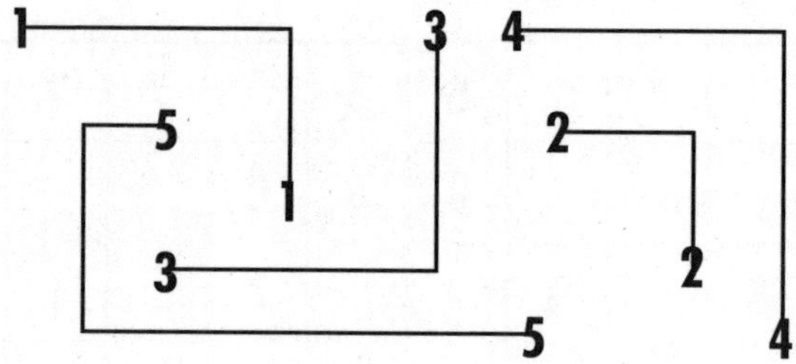

						3	10		
1			6	1		8			
		3				13			
	16					16	13	8	
6	9		9						10
17				4	7		7	4	14
		18		17	11				
18	2					2	12		14
					5	15			11
5	15								12

45

ALLUMEZ LA LUMIÈRE

Placez des cercles (représentant des ampoules) dans certaines des cases vides – en évitant que deux ampoules ne s'éclairent l'une l'autre – jusqu'à ce que chaque case de la grille soit éclairée. Une ampoule envoie des rayons de lumière horizontalement et verticalement, éclairant toute sa ligne et sa colonne, à moins que sa lumière ne soit bloquée par une case noire. Certaines cases noires contiennent des chiffres, indiquant combien d'ampoules se trouvent dans des cases adjacentes, soit immédiatement au-dessus, au-dessous, à droite ou à gauche. Les ampoules placées en diagonale à côté d'une case numérotée ne sont pas comptabilisées. Une case noire non numérotée peut avoir un nombre quelconque d'ampoules adjacentes, ou aucune, et donc toutes les ampoules ne sont pas nécessairement indiquées par les cases noires.

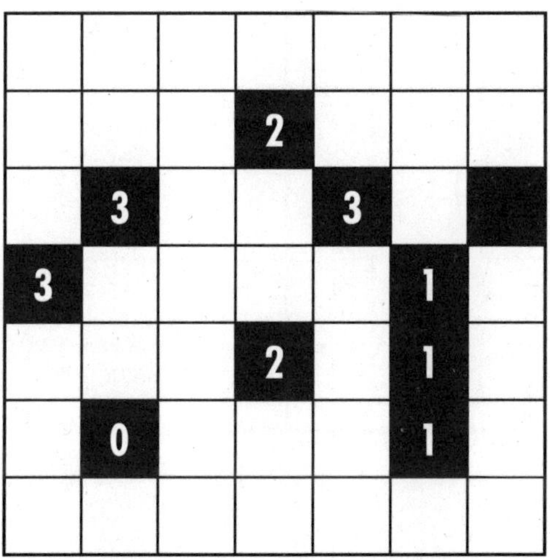

46

GRATTE-CIELS

Placez les chiffres de 1 à 6 dans chaque ligne et colonne, un nombre par case. Chaque nombre représente un gratte-ciel avec le nombre d'étages correspondant.
Placez les gratte-ciels de sorte que le nombre à l'extérieur de la grille représente le nombre de bâtiments qui peuvent être vus à partir de ce point, en ne regardant que la ligne ou la colonne de ce nombre. Un gratte-ciel avec un nombre inférieur d'étages ne peut pas cacher un bâtiment plus haut, mais un gratte-ciel avec un nombre plus élevé d'étages cache toujours un bâtiment plus bas derrière lui.

				3	**5**		
							2
2							**4**
3							
							2
2							**2**
		2	**2**	**1**		**4**	

47

COLLECTION DE PIÈCES

Dans cette énigme, un collectionneur de pièces de monnaie est sorti avec son détecteur de métaux à la recherche d'un butin. N'ayant pas eu le temps de déterrer toutes les pièces trouvées, il a donc créé un plan sous forme de grille qui indique leurs emplacements, avec l'espoir que s'il venait à perdre la carte, personne d'autre que lui ne serait en mesure de la lire… Cependant, il n'avait pas prévu que VOUS tomberiez sur l'étrange grille (ci-dessous). Serez-vous capable de découvrir le nombre exact de pièces et leur emplacement précis ? Les cases contenant des chiffres sont vides mais la présence d'un chiffre s'y trouvant indique combien de pièces sont positionnées dans les cases (jusqu'à un maximum de huit) qui entourent la case numérotée. Il n'y a qu'une seule pièce dans chaque case individuelle. Placez un cercle dans chaque case contenant une pièce.

	2				3		3	
2		2		2	5			2
					4		4	
	4		4		3			
2	3			2		4		1
	3	3		2			3	
2			1			4		1
		2					3	
1	2			1	1			

48

PAS TROIS DE SUITE

Placez un O ou un X dans chaque case vide, de sorte qu'aucune des trois cases consécutives d'une ligne horizontale ou d'une colonne verticale ne contienne plus de deux fois le même symbole.
Il doit y avoir autant de O que de X dans chaque ligne et colonne.

X			X				
							O
	O						
			X				O
				X		O	O
	X						
	O	O					
X		O	X				O

49

COMBIKU

Chaque rangée horizontale et chaque colonne verticale doit contenir cinq formes différentes et cinq chiffres différents. Chaque case contient un chiffre et une forme, et aucune combinaison ne peut être répétée ailleurs dans la grille ; ainsi, par exemple, si une case contient un 3 et une étoile, aucune autre case contenant un 3 ne contiendra également une étoile, et aucune autre case avec une étoile ne contiendra également un 3.

1 2 3 4 5

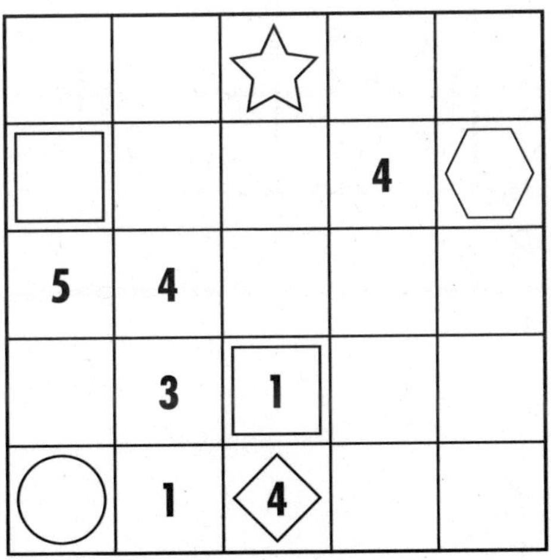

50

LOGI-6

Chaque ligne et chaque colonne de cette grille doit contenir une des lettres A, B, C, D, E et F.
De plus, chacune des six formes (marquées par des lignes plus épaisses) doit également contenir une des lettres A, B, C, D, E et F. Serez-vous capable de compléter la grille ?

C		F	B		
		E	F		
	E				
	C				
	A			E	
D					

51

CHERCHEUR DE FORMES

La grille ci-dessous est divisée en zones de trois cases. Certaines doivent contenir trois formes différentes : un cercle, un carré et un triangle ; d'autres doivent contenir trois formes identiques. Lorsque deux cases partagent un côté à travers une frontière de région, les formes doivent être différentes.

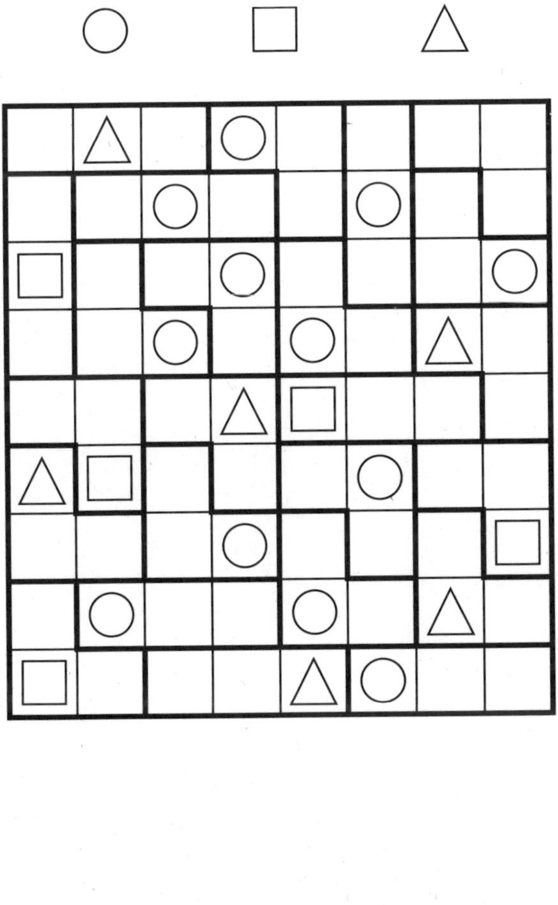

52

CHAÎNES

Remplissez chaque case vide avec un chiffre de 1 à 7. Chaque ligne horizontale, colonne verticale, ensemble de sept cercles reliés et ligne diagonale de sept cercles doit contenir sept nombres différents.

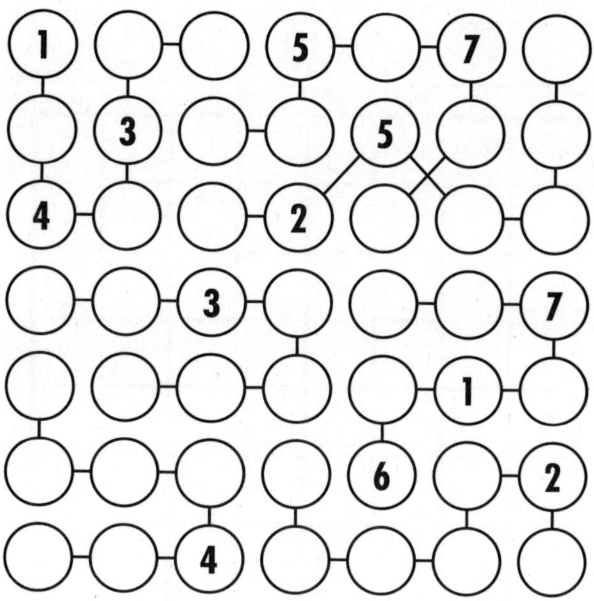

53

MUR DE BRIQUES

Remplissez chaque case avec un chiffre de 1 à 8. Aucun chiffre ne peut apparaître deux fois dans la même ligne ou colonne. Chaque brique constituée de deux cases contient à la fois un nombre impair et un nombre pair.

7	8				2		
		2	5				
	7				3		
	6					3	
						8	3
		7				6	
			2	1			
	5			8			7

Grâce à sa thèse, dans laquelle il a démontré le théorème central limite, Turing a été élu membre du King's College de Cambridge à l'âge de 22 ans seulement.

54

PATCHWORK

Remplissez chaque case avec une lettre de A à E, et chaque ensemble de cinq cases aux contours définis en gras doit contenir cinq lettres différentes. Chaque ligne et chaque colonne doivent contenir deux fois chaque lettre. Les cases qui partagent une bordure commune ne peuvent pas contenir la même lettre.

		A		C					C
		E					A		
C				D			B		A
					C			A	
D				C					
			B	D		D			B
						A			
D		B			D		C		A
	A				E				
C		A			C				

TRACEUR DE LIGNES

Tracez une seule ligne continue en reliant les points.
Aucune portion de ligne ne peut en croiser une autre.
Le chiffre à l'intérieur de chaque ensemble de quatre points indique le nombre total de lignes qui l'entourent.

3		2	1						2
			2	2	3		2		2
	2		2				1		
	2		1				2		
2		3		2	2	0	3	2	3
		2	1	2	3		3		
	0					2		1	2
1				2		3			2
	2	1	3				1		2
2	3		1			3	1	2	
		2			3			3	

56

CALCUDOKU

Chaque ligne et colonne doit contenir six chiffres différents de 1 à 6. Les chiffres placés dans un ensemble de cases délimité en gras peuvent se répéter, mais doivent donner le résultat du calcul indiqué dans le coin supérieur gauche, à l'aide du symbole mathématique indiqué : multiplier (x), diviser (/), ajouter (+) et soustraire (-). Par exemple, lorsqu'ils sont multipliés, les chiffres 4 et 3 donnent 12 :

12x	
4	**3**

70x		7+	6/		28x	4–
			8+			
2/	1–	21x		2/		11+
		6+		1–	30x	
4/		12+				
84x	12x			15x		1–
		3/		7/		

57

PONTS

Reliez les îles circulaires en traçant des lignes horizontales ou verticales pour représenter des ponts, de telle sorte que la quantité de ponts reliés à chaque île doit correspondre au chiffre inscrit sur celles-ci. Aucun pont ne peut en traverser un autre, et pas plus de deux ponts ne peuvent relier une paire d'îles. Le dessin terminé vous permettra de voyager d'une île à n'importe quelle autre île de la carte.

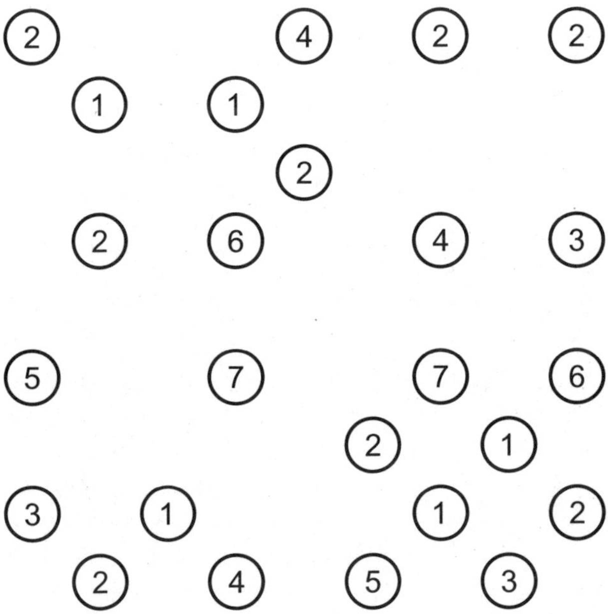

58

PAS QUATRE DE SUITE

Placez un O ou un X dans chaque case vide, de sorte qu'aucune des quatre cases consécutives dans chaque direction (horizontale, verticale et diagonale) ne contienne plus de trois fois le même symbole.

	X	X	X		O		X		X
O		X	X				X	X	
O					O			X	
			O	X					
	O						X		O
		O		O				X	O
O		O				O			
				O	O		X		X
	X		O					O	
				X	X		X	X	X
X	X	O			O				

59

BATAILLE NAVALE

Réussirez-vous à placer les bateaux dans la grille ? Certaines parties de bateaux ou cases de mer ont déjà été insérées. Le numéro à droite ou en-dessous d'une ligne ou d'une colonne représente le nombre de cases occupées dans la ligne ou colonne correspondante. Chaque bateau peut être placé horizontalement ou verticalement, mais aucun bout de bateau ne peut toucher un autre bateau, que ce soit horizontalement, verticalement ou en diagonale.

Zone de mer vide : ≈

Porte-avion : ◀■■▶

Cuirassés : ◀■▶ ◀■▶

Croiseurs : ◀▶ ◀▶ ◀▶

Sous-marins : ● ● ● ●

									0
								▲	3
									5
									2
									1
									0
									3
	▼								1
									5
0	5	0	3	0	3	3	2	4	

60

FUTOSHIKI

Remplissez la grille de façon à ce que chaque ligne horizontale et chaque colonne verticale contiennent tous les chiffres de 1 à 7. Les flèches dans la grille pointent toujours vers une case contenant un nombre inférieur.

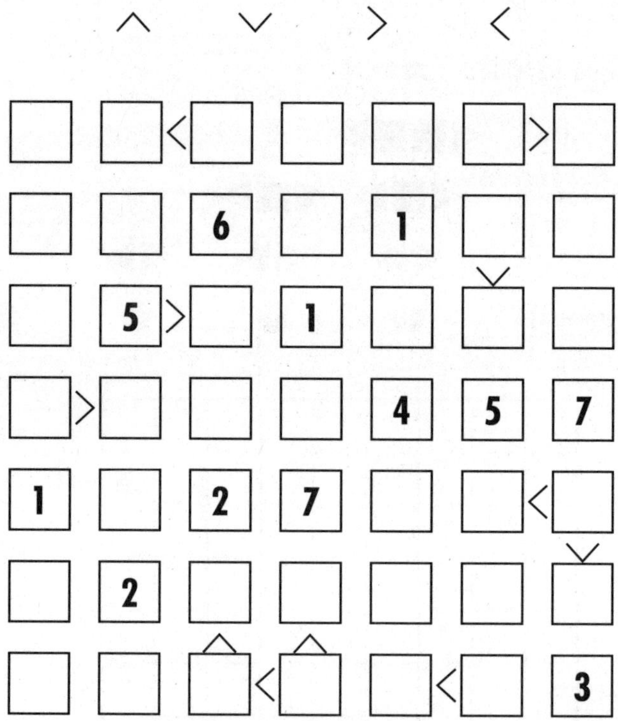

61

DOMINO

Ci-dessous, un jeu standard de 28 pièces de dominos.
Serez-vous capable de retracer les contours de chacune d'elles ?
Une grille de contrôle est fournie pour vous aider et une
des pièces est déjà positionnée dans le schéma.

5	6	5	5	2	5	0
2	1	3	6	2	4	6
5	2	3	6	4	4	1
1	6	0	0	2	5	4
0	4	3	0	1	0	2
3	3	2	1	6	5	0
2	1	4	4	4	1	3
0	1	5	3	3	6	6

0-0	0-1	0-2	0-3	0-4	0-5	0-6	1-1	1-2	1-3	1-4	1-5	1-6	2-2

2-3	2-4	2-5	2-6	3-3	3-4	3-5	3-6	4-4	4-5	4-6	5-5	5-6	6-6

62

HIDATO

Inscrivez les nombres de 1 à 49,
en suivant un chemin d'une case à l'autre, soit horizontalement, verticalement ou en diagonale, en plaçant des chiffres consécutifs dans les cases vides au fur et à mesure.

	40		34			27
		43	36	32		29
	42			25		
18					49	47
19						
	1	5	14	8	9	10
2						

63

SOMMES TOTALES

Remplissez chaque case vide de manière à ce que chaque ligne contienne dix chiffres différents de 0 à 9. Dans les colonnes, les chiffres peuvent se répéter, mais partout où une case en touche une autre, que ce soit horizontalement, verticalement ou en diagonale, les chiffres doivent être différents. Certains sont déjà en place. Les cases noires indiquent la somme totale des chiffres de chaque colonne.

			1		2	4	9	0	
4		9	3	8			2		
7	1			4	0	3	6		
8			3		7	1		2	4
	1	7		4				9	5
8	9					7			2
40	**23**	**30**	**21**	**30**	**17**	**23**	**27**	**27**	**32**

« Il dit que si la machine était disposée à le punir pour l'avoir contredite, alors il affirmerait qu'elle était consciente ».

I.J. Good, mathématicien et cryptologue du Bletchley Park

64

LIENS NUMÉRIQUES

En passant d'une case à l'autre, horizontalement ou verticalement (jamais en diagonale), tracez des chemins continus pour relier chaque paire de nombres identiques. Aucune ligne ne peut en croiser une autre, aucune ne peut traverser une case contenant un chiffre, et vous ne pouvez passer qu'une seule fois sur chaque case.

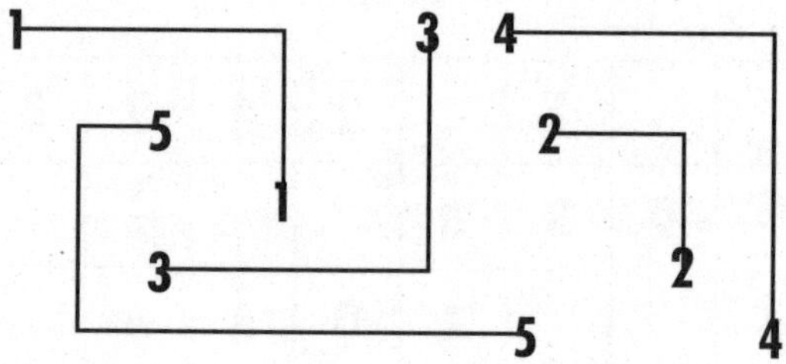

		1						13		8
	3					7				
		5	11		2		2			
		3					9			8
	7									13
			11							12
10										
						5	12		10	
		9						6		
		1		4		4				
				6						

65

ALLUMEZ LA LUMIÈRE

Placez des cercles (représentant des ampoules) dans certaines des cases vides – en évitant que deux ampoules ne s'éclairent l'une l'autre – jusqu'à ce que chaque case de la grille soit éclairée. Une ampoule envoie des rayons de lumière horizontalement et verticalement, éclairant toute sa ligne et sa colonne, à moins que sa lumière ne soit bloquée par une case noire. Certaines cases noires contiennent des chiffres, indiquant combien d'ampoules se trouvent dans des cases adjacentes, soit immédiatement au-dessus, au-dessous, à droite ou à gauche. Les ampoules placées en diagonale à côté d'une case numérotée ne sont pas comptabilisées. Une case noire non numérotée peut avoir un nombre quelconque d'ampoules adjacentes, ou aucune, et donc toutes les ampoules ne sont pas nécessairement indiquées par les cases noires.

66

GRATTE-CIELS

Placez les chiffres de 1 à 6 dans chaque ligne et colonne, un nombre par case. Chaque nombre représente un gratte-ciel avec le nombre d'étages correspondant.
Placez les gratte-ciels de sorte que le nombre à l'extérieur de la grille représente le nombre de bâtiments qui peuvent être vus à partir de ce point, en ne regardant que la ligne ou la colonne de ce nombre. Un gratte-ciel avec un nombre inférieur d'étages ne peut pas cacher un bâtiment plus haut, mais un gratte-ciel avec un nombre plus élevé d'étages cache toujours un bâtiment plus bas derrière lui.

			6		2	1	
3							
4							
2							3
3							
				5	4	2	

67

COLLECTION DE PIÈCES

Dans cette énigme, un collectionneur de pièces de monnaie est sorti avec son détecteur de métaux à la recherche d'un butin. N'ayant pas eu le temps de déterrer toutes les pièces trouvées, il a donc créé un plan sous forme de grille qui indique leurs emplacements, avec l'espoir que s'il venait à perdre la carte, personne d'autre que lui ne serait en mesure de la lire… Cependant, il n'avait pas prévu que VOUS tomberiez sur l'étrange grille (ci-dessous). Serez-vous capable de découvrir le nombre exact de pièces et leur emplacement précis ? Les cases contenant des chiffres sont vides mais la présence d'un chiffre s'y trouvant indique combien de pièces sont positionnées dans les cases (jusqu'à un maximum de huit) qui entourent la case numérotée. Il n'y a qu'une seule pièce dans chaque case individuelle. Placez un cercle dans chaque case contenant une pièce.

1	1	1	2		2			2
	2				3			3
3		3		3		4		2
2					5		3	
3	3			4				2
		5				4		
3			4		2			2
	3			3				1
		1		2			1	

68

PAS TROIS DE SUITE

Placez un O ou un X dans chaque case vide, de sorte qu'aucune des trois cases consécutives d'une ligne horizontale ou d'une colonne verticale ne contienne plus de deux fois le même symbole.
Il doit y avoir autant de O que de X dans chaque ligne et colonne.

						X	
O	O				O		
		O					
	O						
				X			
					O		
	O			O	O		O
X	X		X				

69

COMBIKU

Chaque rangée horizontale et chaque colonne verticale doit contenir cinq formes différentes et cinq chiffres différents. Chaque case contient un chiffre et une forme, et aucune combinaison ne peut être répétée ailleurs dans la grille ; ainsi, par exemple, si une case contient un 3 et une étoile, aucune autre case contenant un 3 ne contiendra également une étoile, et aucune autre case avec une étoile ne contiendra également un 3.

1 2 3 4 5

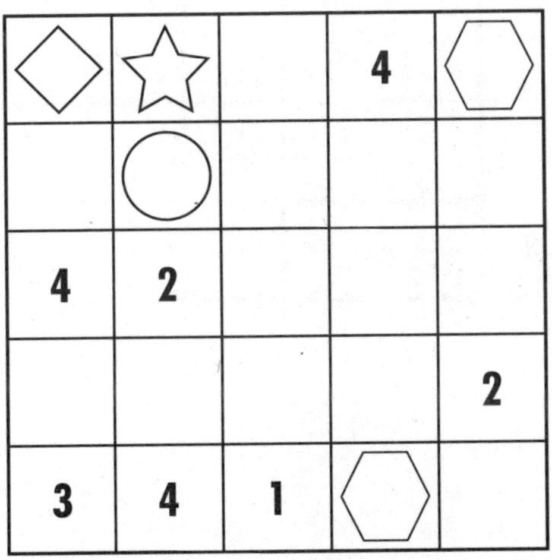

70

LOGI-6

Chaque ligne et chaque colonne de cette grille doit contenir une des lettres A, B, C, D, E et F.
De plus, chacune des six formes (marquées par des lignes plus épaisses) doit également contenir une des lettres A, B, C, D, E et F. Serez-vous capable de compléter la grille ?

		E		F	
					A
		B			
F		D			
					D
B					C

71

CHERCHEUR DE FORMES

La grille ci-dessous est divisée en zones de trois cases. Certaines doivent contenir trois formes différentes : un cercle, un carré et un triangle ; d'autres doivent contenir trois formes identiques. Lorsque deux cases partagent un côté à travers une frontière de région, les formes doivent être différentes.

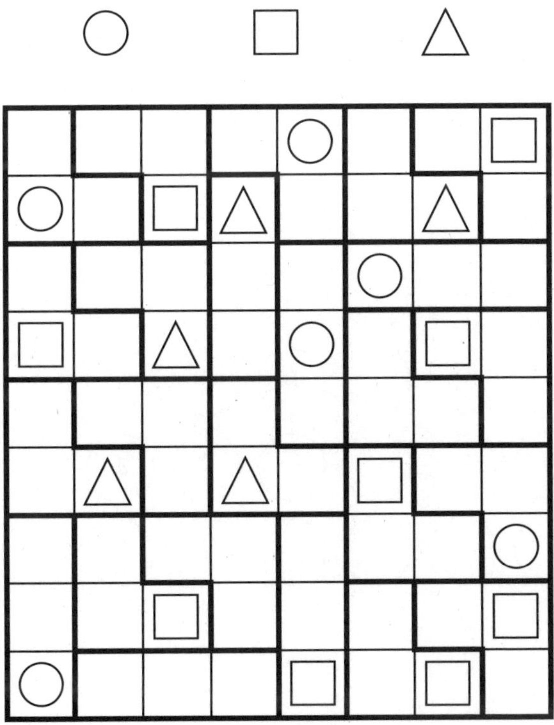

72

CHAÎNES

Remplissez chaque case vide avec un chiffre de 1 à 7. Chaque ligne horizontale, colonne verticale, ensemble de sept cercles reliés et ligne diagonale de sept cercles doit contenir sept nombres différents.

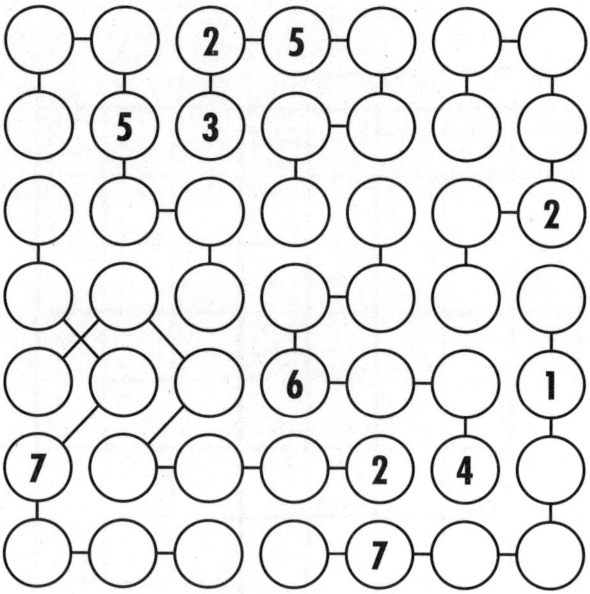

73

MUR DE BRIQUES

Remplissez chaque case avec un chiffre de 1 à 8. Aucun chiffre ne peut apparaître deux fois dans la même ligne ou colonne. Chaque brique constituée de deux cases contient à la fois un nombre impair et un nombre pair.

	7		4		3		
					2		5
	3			4			
			1	6			
5					4		
	6		8				
1			5				
6	2				5		

En 2019, la BBC a organisé un vote public pour désigner la plus grande personnalité du XXᵉ siècle. En plus de le remporter dans la catégorie des scientifiques, Turing a été élu grand gagnant et personnalité préférée.

PATCHWORK

Remplissez chaque case avec une lettre de A à E, et chaque ensemble de cinq cases aux contours définis en gras doit contenir cinq lettres différentes. Chaque ligne et chaque colonne doivent contenir deux fois chaque lettre. Les cases qui partagent une bordure commune ne peuvent pas contenir la même lettre.

			C						
					E			B	
	A		D		B				
E		E		A				A	
D		C					E		
					D	C			
	D			E		B			
A								E	
		D	A				A	D	
D	E				D	E			

TRACEUR DE LIGNES

Tracez une seule ligne continue en reliant les points.
Aucune portion de ligne ne peut en croiser une autre.
Le chiffre à l'intérieur de chaque ensemble de quatre points indique le nombre total de lignes qui l'entourent.

3	2		1				3	2	
3		1				2	2	2	
		0	2	3	2				
	3			1	2			3	
3		0		1		2	1		3
2			3	1	1	1	3		
3				2		2		0	3
2		3	3		2	1			3
2		2	2		3	2			
2	1		2		1		1	3	
			3	2	2		1	3	

76

CALCUDOKU

Chaque ligne et colonne doit contenir six chiffres différents de 1 à 6. Les chiffres placés dans un ensemble de cases délimité en gras peuvent se répéter, mais doivent donner le résultat du calcul indiqué dans le coin supérieur gauche, à l'aide du symbole mathématique indiqué : multiplier (x), diviser (/), ajouter (+) et soustraire (-). Par exemple, lorsqu'ils sont multipliés, les chiffres 4 et 3 donnent 12 :

12x 4	3

8x			35x	24x	21x	
10x					2/	
7/	15x	11+	13+	9+	3/	
						11+
2–			5+		8+	
72x				17+		
4–		3/				

77

PONTS

Reliez les îles circulaires en traçant des lignes horizontales ou verticales pour représenter des ponts, de telle sorte que la quantité de ponts reliés à chaque île doit correspondre au chiffre inscrit sur celles-ci. Aucun pont ne peut en traverser un autre, et pas plus de deux ponts ne peuvent relier une paire d'îles. Le dessin terminé vous permettra de voyager d'une île à n'importe quelle autre île de la carte.

1	1	2	2	3
	1	6	2	
5		7		5
2	2	3	5	6
1	5		3	2

78

PAS QUATRE DE SUITE

Placez un O ou un X dans chaque case vide, de sorte qu'aucune des quatre cases consécutives dans chaque direction (horizontale, verticale et diagonale) ne contienne plus de trois fois le même symbole.

X	X	O	O	O	X	X	O	O	O
O	O	X	O	O	O	X	O	O	O
O	O	X	O					O	
O	X								
X	O	X					O		X
								O	
							O	O	O
X									O
	O	O	X	X		X		O	O
								O	
O		X	X				O		O

79

BATAILLE NAVALE

Réussirez-vous à placer les bateaux dans la grille ? Certaines parties de bateaux ou cases de mer ont déjà été insérées. Le numéro à droite ou en-dessous d'une ligne ou d'une colonne représente le nombre de cases occupées dans la ligne ou colonne correspondante. Chaque bateau peut être placé horizontalement ou verticalement, mais aucun bout de bateau ne peut toucher un autre bateau, que ce soit horizontalement, verticalement ou en diagonale.

Zone de mer vide : ≈

Porte-avion : ◀■■▶

Cuirassés : ◀■▶ ◀■▶

Croiseurs : ◀▶ ◀▶ ◀▶

Sous-marins : ● ● ● ●

									2
									1
									5
									0
				◀					2
									2
									2
									1
									5
1	3	2	0	2	6	0	2	4	

80

FUTOSHIKI

Remplissez la grille de façon à ce que chaque ligne horizontale et chaque colonne verticale contiennent tous les chiffres de 1 à 7. Les flèches dans la grille pointent toujours vers une case contenant un nombre inférieur.

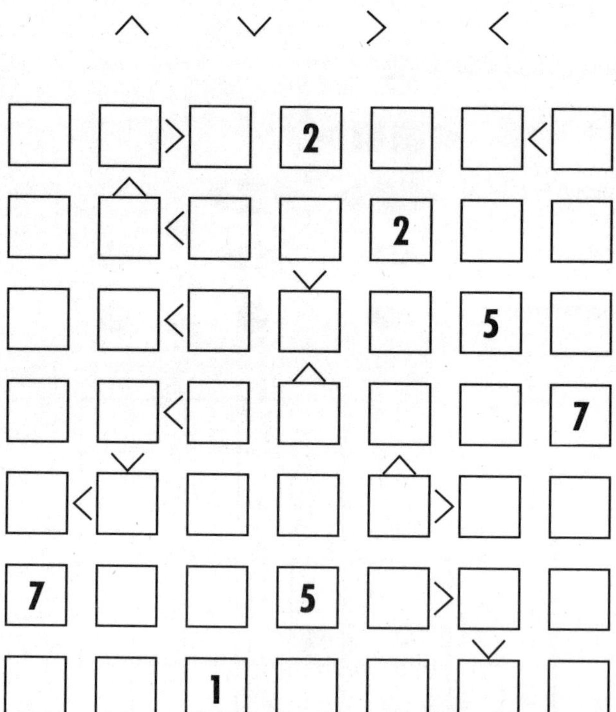

81

DOMINO

Ci-dessous, un jeu standard de 28 pièces de dominos. Serez-vous capable de retracer les contours de chacune d'elles ? Une grille de contrôle est fournie pour vous aider et une des pièces est déjà positionnée dans le schéma.

2	3	2	2	5	4	4
5	3	6	1	0	3	6
5	3	0	3	5	2	1
2	0	0	6	0	5	5
4	4	5	0	3	4	5
2	3	0	6	1	1	6
2	1	4	6	2	4	1
3	6	1	6	1	4	0

0-0	0-1	0-2	0-3	0-4	0-5	0-6	1-1	1-2	1-3	1-4	1-5	1-6	2-2

2-3	2-4	2-5	2-6	3-3	3-4	3-5	3-6	4-4	4-5	4-6	5-5	5-6	6-6

HIDATO

Inscrivez les nombres de 1 à 49,
en suivant un chemin d'une case à l'autre, soit horizontalement, verticalement ou en diagonale, en plaçant des chiffres consécutifs dans les cases vides au fur et à mesure.

28				32		
	23			43		
	25				39	46
			35			49
17		20	37			48
15		12	10	9	1	
	13				6	

83

SOMMES TOTALES

Remplissez chaque case vide de manière à ce que chaque ligne contienne dix chiffres différents de 0 à 9. Dans les colonnes, les chiffres peuvent se répéter, mais partout où une case en touche une autre, que ce soit horizontalement, verticalement ou en diagonale, les chiffres doivent être différents. Certains sont déjà en place. Les cases noires indiquent la somme totale des chiffres de chaque colonne.

7		4			2		1		
	2		0		3	5			
		3	6						4
7					6				9
		9			3		4		2
3		6		5	2	1	7		
42	25	33	15	33	25	11	20	28	38

« Depuis mon plus jeune âge, je connaissais la légende d'Alan Turing – c'est une sorte de saint patron des adolescents bizarres et un peu geek ».

Graham Moore, scénariste de *The Imitation Game*

84

LIENS NUMÉRIQUES

En passant d'une case à l'autre, horizontalement ou verticalement (jamais en diagonale), tracez des chemins continus pour relier chaque paire de nombres identiques. Aucune ligne ne peut en croiser une autre, aucune ne peut traverser une case contenant un chiffre, et vous ne pouvez passer qu'une seule fois sur chaque case.

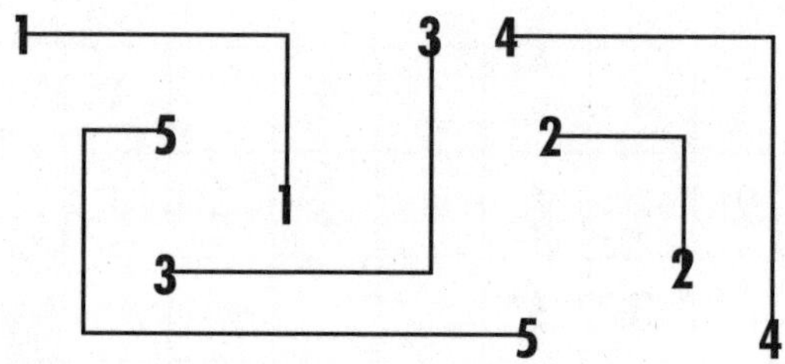

12										4
	11	12								10
	13				6			2		9
				10	4			8		7
5										
	11		8							
				3		6	2			
14		3								
			13					7	9	
	5			1		1				
		14						15		15

85

ALLUMEZ LA LUMIÈRE

Placez des cercles (représentant des ampoules) dans certaines des cases vides – en évitant que deux ampoules ne s'éclairent l'une l'autre – jusqu'à ce que chaque case de la grille soit éclairée. Une ampoule envoie des rayons de lumière horizontalement et verticalement, éclairant toute sa ligne et sa colonne, à moins que sa lumière ne soit bloquée par une case noire. Certaines cases noires contiennent des chiffres, indiquant combien d'ampoules se trouvent dans des cases adjacentes, soit immédiatement au-dessus, au-dessous, à droite ou à gauche. Les ampoules placées en diagonale à côté d'une case numérotée ne sont pas comptabilisées. Une case noire non numérotée peut avoir un nombre quelconque d'ampoules adjacentes, ou aucune, et donc toutes les ampoules ne sont pas nécessairement indiquées par les cases noires.

86

GRATTE-CIELS

Placez les chiffres de 1 à 6 dans chaque ligne et colonne, un nombre par case. Chaque nombre représente un gratte-ciel avec le nombre d'étages correspondant.
Placez les gratte-ciels de sorte que le nombre à l'extérieur de la grille représente le nombre de bâtiments qui peuvent être vus à partir de ce point, en ne regardant que la ligne ou la colonne de ce nombre. Un gratte-ciel avec un nombre inférieur d'étages ne peut pas cacher un bâtiment plus haut, mais un gratte-ciel avec un nombre plus élevé d'étages cache toujours un bâtiment plus bas derrière lui.

	2	**4**			**5**		
							2
							3
1							
2							**1**
							3
	3	**2**	**6**	**2**		**2**	

87

COLLECTION DE PIÈCES

Dans cette énigme, un collectionneur de pièces de monnaie est sorti avec son détecteur de métaux à la recherche d'un butin. N'ayant pas eu le temps de déterrer toutes les pièces trouvées, il a donc créé un plan sous forme de grille qui indique leurs emplacements, avec l'espoir que s'il venait à perdre la carte, personne d'autre que lui ne serait en mesure de la lire… Cependant, il n'avait pas prévu que VOUS tomberiez sur l'étrange grille (ci-dessous). Serez-vous capable de découvrir le nombre exact de pièces et leur emplacement précis ? Les cases contenant des chiffres sont vides mais la présence d'un chiffre s'y trouvant indique combien de pièces sont positionnées dans les cases (jusqu'à un maximum de huit) qui entourent la case numérotée. Il n'y a qu'une seule pièce dans chaque case individuelle. Placez un cercle dans chaque case contenant une pièce.

			3	2		2		
1					2		4	3
2					2		2	
		4		5			3	2
2	3					3	2	
	3				3			3
2	3			2		4		
	3		4		3			3
			3		2		1	

88

PAS TROIS DE SUITE

Placez un O ou un X dans chaque case vide, de sorte qu'aucune des trois cases consécutives d'une ligne horizontale ou d'une colonne verticale ne contienne plus de deux fois le même symbole.
Il doit y avoir autant de O que de X dans chaque ligne et colonne.

X	X			X			X
		X					
							X
O	O			X	X		
		X				X	O
	X				O		
		X					
						O	

89

COMBIKU

Chaque rangée horizontale et chaque colonne verticale doit contenir cinq formes différentes et cinq chiffres différents. Chaque case contient un chiffre et une forme, et aucune combinaison ne peut être répétée ailleurs dans la grille ; ainsi, par exemple, si une case contient un 3 et une étoile, aucune autre case contenant un 3 ne contiendra également une étoile, et aucune autre case avec une étoile ne contiendra également un 3.

1 2 3 4 5

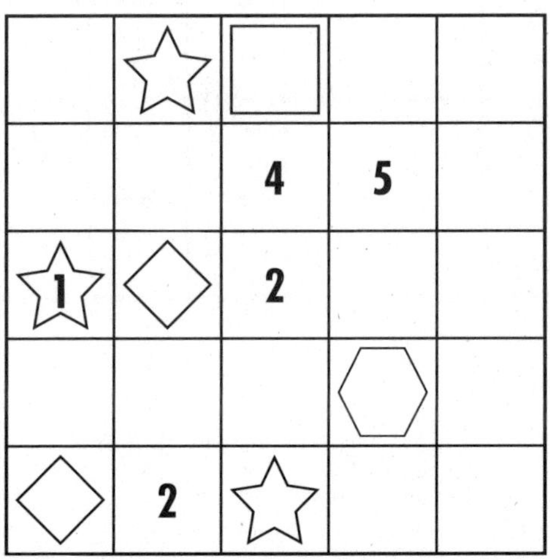

90

LOGI-6

Chaque ligne et chaque colonne de cette grille doit contenir une des lettres A, B, C, D, E et F.
De plus, chacune des six formes (marquées par des lignes plus épaisses) doit également contenir une des lettres A, B, C, D, E et F. Serez-vous capable de compléter la grille ?

	F				
				A	
E				B	
				C	D
		D			

91

CHERCHEUR DE FORMES

La grille ci-dessous est divisée en zones de trois cases. Certaines doivent contenir trois formes différentes : un cercle, un carré et un triangle ; d'autres doivent contenir trois formes identiques. Lorsque deux cases partagent un côté à travers une frontière de région, les formes doivent être différentes.

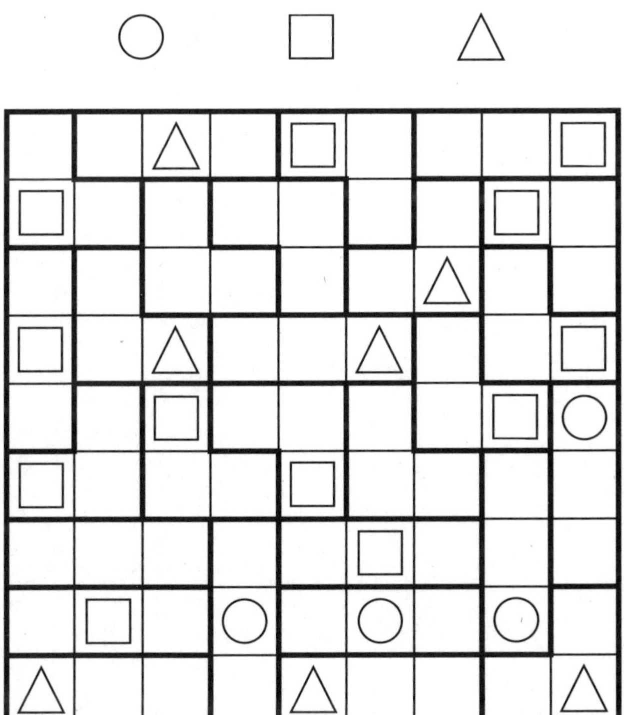

92

CHAÎNES

Remplissez chaque case vide avec un chiffre de 1 à 8.
Chaque ligne horizontale, colonne verticale,
ensemble de huit cercles reliés et ligne diagonale de huit
cercles doit contenir huit nombres différents.

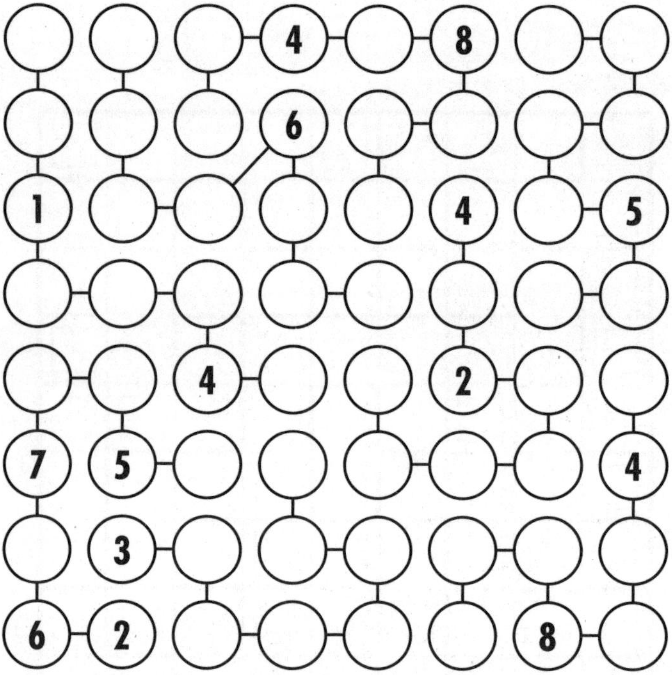

93

MUR DE BRIQUES

Remplissez chaque case avec un chiffre de 1 à 9. Aucun chiffre ne peut apparaître deux fois dans la même ligne ou colonne. Chaque brique constituée de deux cases contient à la fois un nombre impair et un nombre pair.

		3			1			
9				2	5			
		5	4				8	9
1			8			2		
					2			7
	6	1						
3				9			4	
	7				8	3		
			5			8		3

Turing a donné en 1947 la toute première conférence connue faisant référence à l'intelligence informatique. Il est considéré comme le « père de l'informatique moderne ».

94

PATCHWORK

Remplissez chaque case avec une lettre de A à F, et chaque ensemble de six cases aux contours définis en gras doit contenir six lettres différentes. Chaque ligne et chaque colonne doivent contenir deux fois chaque lettre. Les cases qui partagent une bordure commune ne peuvent pas contenir la même lettre.

			B	F		E		C			A
	A	D	C						E	B	
D	E	C		D						F	A
E		E			C			B		A	F
		A									E
			A	E	D		F		A		
		A	F	C						B	
						D	C	F	D		
	B			A	E						C
	F		E							E	
	B	E					B		A		
A	F	B								D	

95

TRACEUR DE LIGNES

Tracez une seule ligne continue en reliant les points.
Aucune portion de ligne ne peut en croiser une autre.
Le chiffre à l'intérieur de chaque ensemble de quatre points indique le nombre total de lignes qui l'entourent.

	2		2	1		2	2	3	
		2		2	3			1	3
2	1		2				2		3
2	1	1		3	2	3			
3					1	3		1	
2		2	1			2	1	0	
2		3		1		2			3
2	1		1	2		3			1
	2	3					0	1	
3	2		1		2	3			2
		3		2			2	2	
	2				3	2	3		3

96

CALCUDOKU

Chaque ligne et colonne doit contenir six chiffres différents de 1 à 6. Les chiffres placés dans un ensemble de cases délimité en gras peuvent se répéter, mais doivent donner le résultat du calcul indiqué dans le coin supérieur gauche, à l'aide du symbole mathématique indiqué : multiplier (x), diviser (/), ajouter (+) et soustraire (-). Par exemple, lorsqu'ils sont multipliés, les chiffres 4 et 3 donnent 12 :

12x **4**	**3**

112x		10+	2–		9+		24x
	21x		3–	7+			
3–				15+	48x		2/
	6/		2/		11+	21x	
2/		5–		15x			
20x			11+		96x		
15+				12x		2–	35x
	2/		9+				

97

PONTS

Reliez les îles circulaires en traçant des lignes horizontales ou verticales pour représenter des ponts, de telle sorte que la quantité de ponts reliés à chaque île doit correspondre au chiffre inscrit sur celles-ci. Aucun pont ne peut en traverser un autre, et pas plus de deux ponts ne peuvent relier une paire d'îles. Le dessin terminé vous permettra de voyager d'une île à n'importe quelle autre île de la carte.

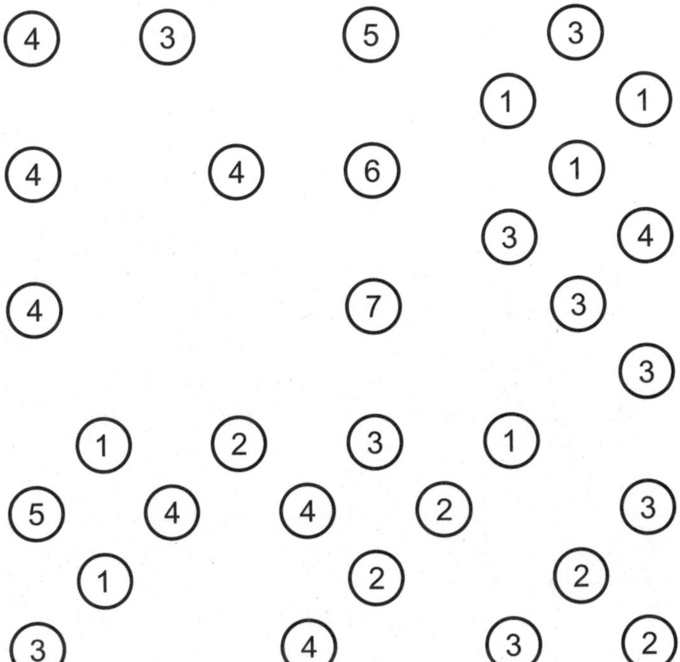

98

PAS QUATRE DE SUITE

Placez un O ou un X dans chaque case vide, de sorte qu'aucune des quatre cases consécutives dans chaque direction (horizontale, verticale et diagonale) ne contienne plus de trois fois le même symbole.

	O	X	O	X			X	O	X
	X			O				X	
		X						X	X
O		X	X			O		O	X
		X					O		
	X			O				X	
					O				X
							O		
			O			O		O	
	X			X				O	
X			X		X	O			O
X					O			X	X
		O	O	X			X	O	X

99

BATAILLE NAVALE

Réussirez-vous à placer les bateaux dans la grille ? Certaines parties de bateaux ou cases de mer ont déjà été insérées. Le numéro à droite ou en-dessous d'une ligne ou d'une colonne représente le nombre de cases occupées dans la ligne ou colonne correspondante. Chaque bateau peut être placé horizontalement ou verticalement, mais aucun bout de bateau ne peut toucher un autre bateau, que ce soit horizontalement, verticalement ou en diagonale.

Zone de mer vide : ≈

Porte-avion : ◀■■▶

Cuirassés : ◀■▶ ◀■▶

Croiseurs : ◀▶ ◀▶ ◀▶

Sous-marins : ● ● ● ●

		▲							2
					≈				3
									1
									0
									6
						▼			2
									2
									3
									1
1	1	5	1	2	1	6	1	2	

100

FUTOSHIKI

Remplissez la grille de façon à ce que chaque ligne horizontale
et chaque colonne verticale contiennent tous les chiffres de 1 à 8.
Les flèches dans la grille pointent toujours vers
une case contenant un nombre inférieur.

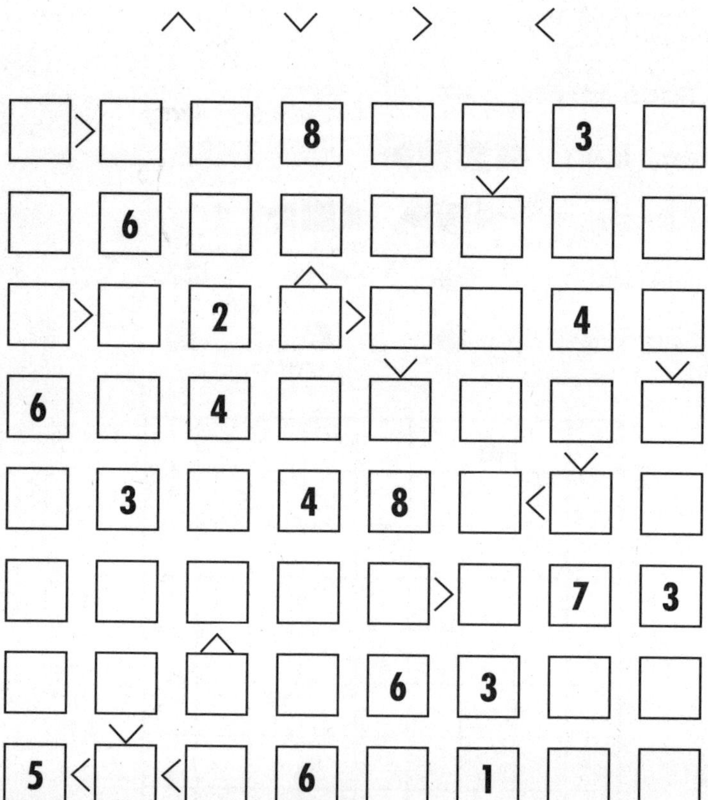

101

DOMINO

Ci-dessous, un jeu standard de 36 pièces de dominos. Serez-vous capable de retracer les contours de chacune d'elles ? Une grille de contrôle est fournie pour vous aider et une des pièces est déjà positionnée dans le schéma.

1	7	1	6	3	1	0	0
0	2	5	4	5	6	7	1
1	0	6	7	5	3	3	1
4	3	6	2	5	4	2	3
5	1	3	7	6	4	6	2
1	4	1	2	7	0	6	0
6	4	5	3	7	7	2	3
7	0	5	5	7	0	0	4
4	3	4	2	6	2	2	5

0-0	0-1	0-2	0-3	0-4	0-5	0-6	0-7	1-1	1-2	1-3	1-4

1-5	1-6	1-7	2-2	2-3	2-4	2-5	2-6	2-7	3-3	3-4	3-5

3-6	3-7	4-4	4-5	4-6	4-7	5-5	5-6	5-7	6-6	6-7	7-7

102

HIDATO

Inscrivez les nombres de 1 à 49,
en suivant un chemin d'une case à l'autre, soit horizontalement, verticalement ou en diagonale, en plaçant des chiffres consécutifs dans les cases vides au fur et à mesure.

34			29			13	
32						10	12
	31				6		19
	25			5	16	20	
	2		51			64	61
1		49		52		62	
40	42	45	48		56	57	
	43					55	

103

SOMMES TOTALES

Remplissez chaque case vide de manière à ce que chaque ligne contienne dix chiffres différents de 0 à 9. Dans les colonnes, les chiffres peuvent se répéter, mais partout où une case en touche une autre, que ce soit horizontalement, verticalement ou en diagonale, les chiffres doivent être différents. Certains sont déjà en place. Les cases noires indiquent la somme totale des chiffres de chaque colonne.

7	5	4						6	
			7	1		8			
4	9	2				3		1	
2						4		5	6
	1		2				7		4
		0		7	6				2
26	**18**	**28**	**35**	**29**	**31**	**21**	**23**	**29**	**30**

LIENS NUMÉRIQUES

En passant d'une case à l'autre, horizontalement ou verticalement (jamais en diagonale), tracez des chemins continus pour relier chaque paire de nombres identiques. Aucune ligne ne peut en croiser une autre, aucune ne peut traverser une case contenant un chiffre, et vous ne pouvez passer qu'une seule fois sur chaque case.

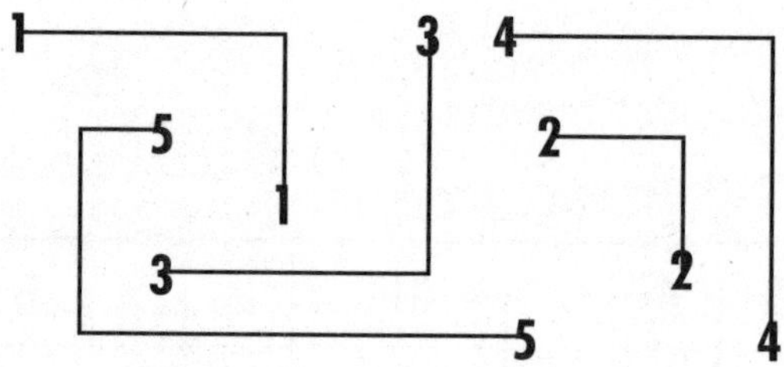

						10		9		5
	8		6			3		15		3
12					9	5		15		
	10	8								
				13						11
12		1					4	16		4
				13				7	11	
14	2			6		16			7	
2		1				14				

105

ALLUMEZ LA LUMIÈRE

Placez des cercles (représentant des ampoules) dans certaines des cases vides – en évitant que deux ampoules ne s'éclairent l'une l'autre – jusqu'à ce que chaque case de la grille soit éclairée. Une ampoule envoie des rayons de lumière horizontalement et verticalement, éclairant toute sa ligne et sa colonne, à moins que sa lumière ne soit bloquée par une case noire. Certaines cases noires contiennent des chiffres, indiquant combien d'ampoules se trouvent dans des cases adjacentes, soit immédiatement au-dessus, au-dessous, à droite ou à gauche. Les ampoules placées en diagonale à côté d'une case numérotée ne sont pas comptabilisées. Une case noire non numérotée peut avoir un nombre quelconque d'ampoules adjacentes, ou aucune, et donc toutes les ampoules ne sont pas nécessairement indiquées par les cases noires.

106

GRATTE-CIELS

Placez les chiffres de 1 à 7 dans chaque ligne et colonne, un nombre par case. Chaque nombre représente un gratte-ciel avec le nombre d'étages correspondant.
Placez les gratte-ciels de sorte que le nombre à l'extérieur de la grille représente le nombre de bâtiments qui peuvent être vus à partir de ce point, en ne regardant que la ligne ou la colonne de ce nombre.
Un gratte-ciel avec un nombre inférieur d'étages ne peut pas cacher un bâtiment plus haut, mais un gratte-ciel avec un nombre plus élevé d'étages cache toujours un bâtiment plus bas derrière lui.

	5	2	3	4	3	1		
							3	2
4						3		1
					1			3
2		4						2
2								5
1				6				
								2
		2	3	1	2	4	2	

107

COLLECTION DE PIÈCES

Dans cette énigme, un collectionneur de pièces de monnaie est sorti avec son détecteur de métaux à la recherche d'un butin. N'ayant pas eu le temps de déterrer toutes les pièces trouvées, il a donc créé un plan sous forme de grille qui indique leurs emplacements, avec l'espoir que s'il venait à perdre la carte, personne d'autre que lui ne serait en mesure de la lire… Cependant, il n'avait pas prévu que VOUS tomberiez sur l'étrange grille (ci-dessous). Serez-vous capable de découvrir le nombre exact de pièces et leur emplacement précis ? Les cases contenant des chiffres sont vides mais la présence d'un chiffre s'y trouvant indique combien de pièces sont positionnées dans les cases (jusqu'à un maximum de huit) qui entourent la case numérotée. Il n'y a qu'une seule pièce dans chaque case individuelle. Placez un cercle dans chaque case contenant une pièce.

1	2	1						2		
					4		1		1	
2					5			1		
	4		6				2			2
1				5						4
1		4	5					4		
	2				4	4	4			2
		2		3			4	3	3	
		2			2	3				
2			3			3			4	
1					1			3		2

108

PAS TROIS DE SUITE

Placez un O ou un X dans chaque case vide, de sorte qu'aucune des trois cases consécutives d'une ligne horizontale ou d'une colonne verticale ne contienne plus de deux fois le même symbole.
Il doit y avoir autant de O que de X dans chaque ligne et colonne.

			O	O				X	
		X		X			O	X	
	X				X				
O							O		
			X	X					X
X		X					O	X	
				O	O				O
	O				O				
				O				X	O
X	X		X						

109

COMBIKU

Chaque rangée horizontale et chaque colonne verticale doit contenir cinq formes différentes et cinq chiffres différents. Chaque case contient un chiffre et une forme, et aucune combinaison ne peut être répétée ailleurs dans la grille ; ainsi, par exemple, si une case contient un 3 et une étoile, aucune autre case contenant un 3 ne contiendra également une étoile, et aucune autre case avec une étoile ne contiendra également un 3.

1 2 3 4 5

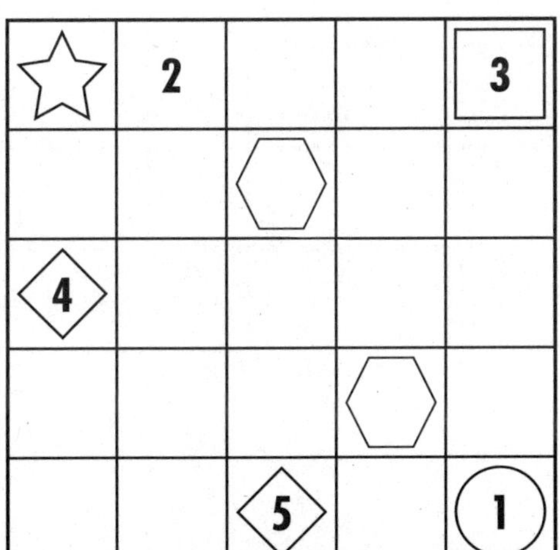

110

LOGI-7

Chaque ligne et chaque colonne de cette grille doit contenir une des lettres A, B, C, D, E, F et G. De plus, chacune des sept formes (marquées par des lignes plus épaisses) doit également contenir une des lettres A, B, C, D, E, F et G. Serez-vous capable de compléter la grille ?

			F		C	
				D		
		G				
	F					E
						C
	A					
G		C			B	

111

CHERCHEUR DE FORMES

La grille ci-dessous est divisée en zones de trois cases. Certaines doivent contenir trois formes différentes : un cercle, un carré et un triangle ; d'autres doivent contenir trois formes identiques. Lorsque deux cases partagent un côté à travers une frontière de région, les formes doivent être différentes.

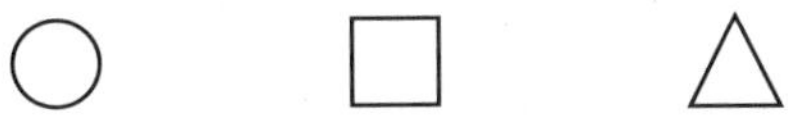

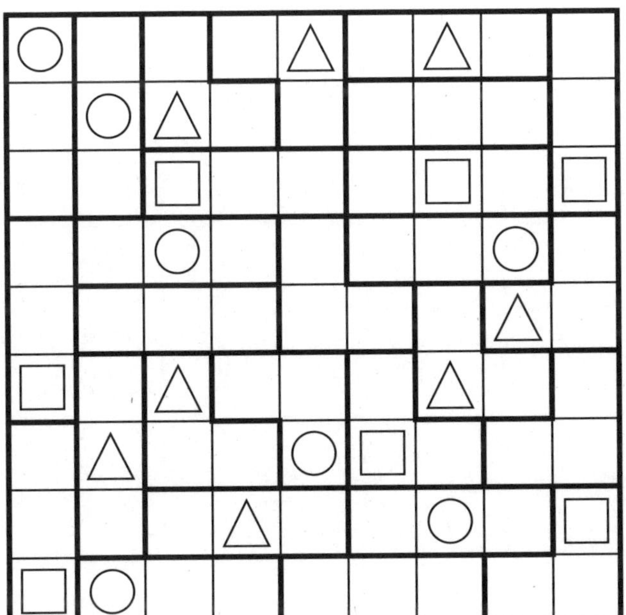

112

CHAÎNES

Remplissez chaque case vide avec un chiffre de 1 à 8.
Chaque ligne horizontale, colonne verticale,
ensemble de huit cercles reliés et ligne diagonale de huit
cercles doit contenir huit nombres différents.

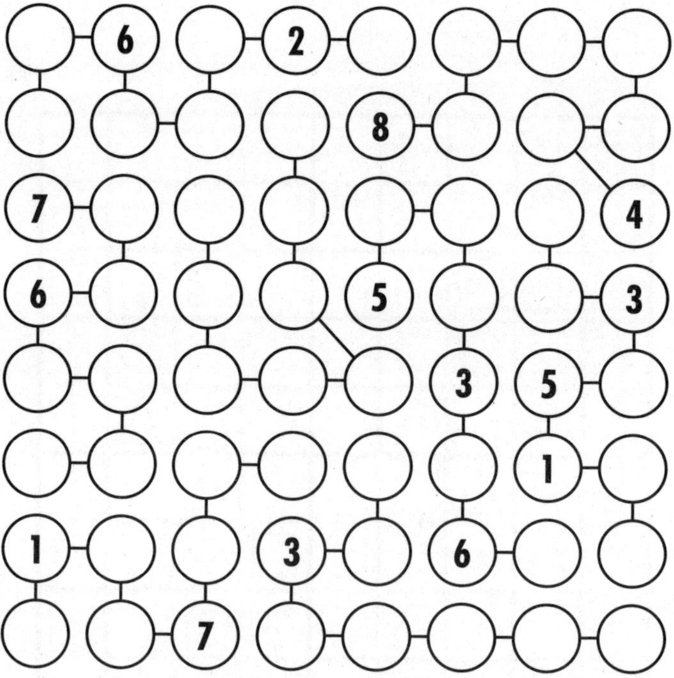

113

MUR DE BRIQUES

Remplissez chaque case avec un chiffre de 1 à 9. Aucun chiffre ne peut apparaître deux fois dans la même ligne ou colonne. Chaque brique constituée de deux cases contient à la fois un nombre impair et un nombre pair.

	6	8			1			
			6				7	
8		7			9			
	4					2		
		3	2			5	6	
					2	7		
	3					8		5
			8		5		9	
2			5					1

114

PATCHWORK

Remplissez chaque case avec une lettre de A à F, et chaque ensemble de six cases aux contours définis en gras doit contenir six lettres différentes. Chaque ligne et chaque colonne doivent contenir deux fois chaque lettre. Les cases qui partagent une bordure commune ne peuvent pas contenir la même lettre.

		E		B				B			F
A	F		E		C		F			B	
					F		B		B	D	E
	A		A		E		D			B	
					D			C			
E	F	C		F				B			C
				E		A			A	C	
	B					F		E		F	
		E	A			C		A			E
		D				D	E				
D	C		E				A	D	E		
B		D			F			E	F		

115

TRACEUR DE LIGNES

Tracez une seule ligne continue en reliant les points.
Aucune portion de ligne ne peut en croiser une autre.
Le chiffre à l'intérieur de chaque ensemble de quatre points indique le nombre total de lignes qui l'entourent.

2			2	2		0	1	2	3
2	2	2		1					3
	3	1	3		0	1		1	
	3								
2		2	3	3		3		2	1
		2				3	2		1
				2				2	
3		2	2		1			2	2
	1	1	3		3	3		1	
		1		2		1		2	3
	3			1					3
2		1		3		1		3	2

116

CALCUDOKU

Chaque ligne et colonne doit contenir six chiffres différents de 1 à 6. Les chiffres placés dans un ensemble de cases délimité en gras peuvent se répéter, mais doivent donner le résultat du calcul indiqué dans le coin supérieur gauche, à l'aide du symbole mathématique indiqué : multiplier (x), diviser (/), ajouter (+) et soustraire (-). Par exemple, lorsqu'ils sont multipliés, les chiffres 4 et 3 donnent 12 :

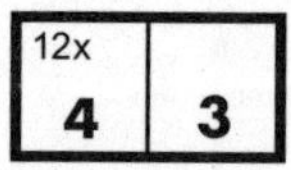

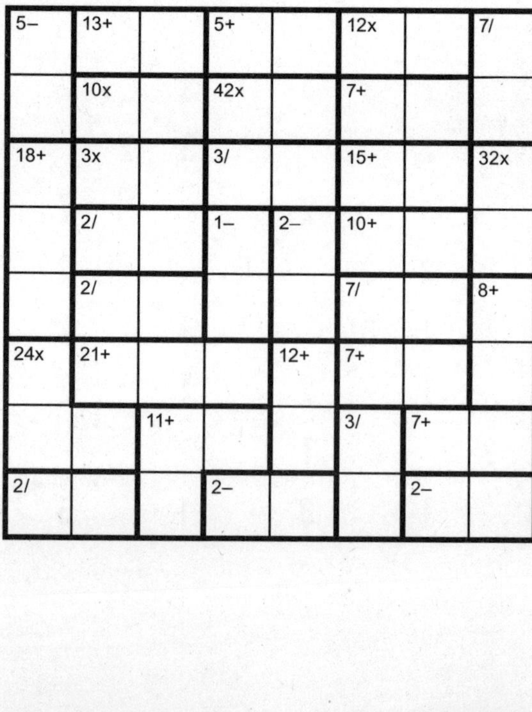

117

PONTS

Reliez les îles circulaires en traçant des lignes horizontales ou verticales pour représenter des ponts, de telle sorte que la quantité de ponts reliés à chaque île doit correspondre au chiffre inscrit sur celles-ci. Aucun pont ne peut en traverser un autre, et pas plus de deux ponts ne peuvent relier une paire d'îles. Le dessin terminé vous permettra de voyager d'une île à n'importe quelle autre île de la carte.

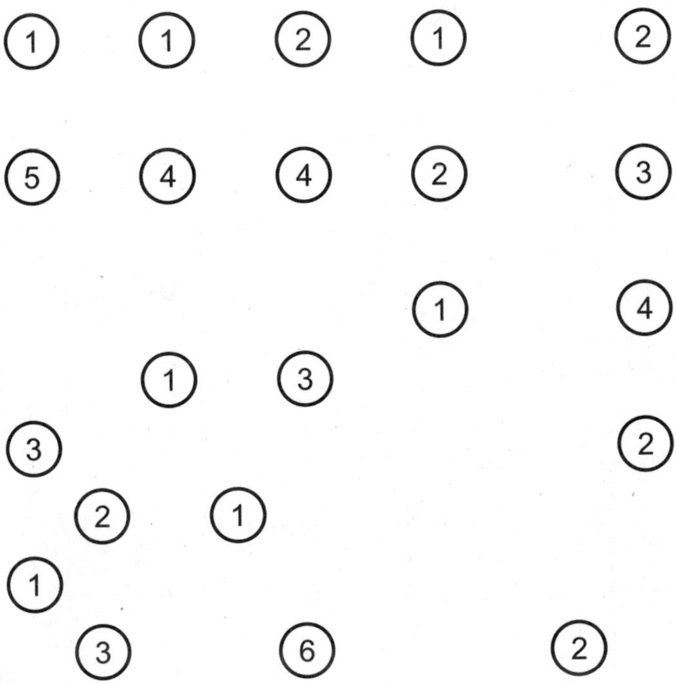

118

PAS QUATRE DE SUITE

Placez un O ou un X dans chaque case vide, de sorte qu'aucune des quatre cases consécutives dans chaque direction (horizontale, verticale et diagonale) ne contienne plus de trois fois le même symbole.

O						O	X	X	O
		X						X	O
	X	X	X			X	X		X
		X			O			X	
	X						O		
	O	X		X		O			
O	X		X	X			O	O	
							O	O	
	O	O							
X									X
	X				O	X		X	X
	X					O			
	O	O						X	O

119

BATAILLE NAVALE

Réussirez-vous à placer les bateaux dans la grille ? Certaines parties de bateaux ou cases de mer ont déjà été insérées. Le numéro à droite ou en-dessous d'une ligne ou d'une colonne représente le nombre de cases occupées dans la ligne ou colonne correspondante. Chaque bateau peut être placé horizontalement ou verticalement, mais aucun bout de bateau ne peut toucher un autre bateau, que ce soit horizontalement, verticalement ou en diagonale.

Zone de mer vide : ≈

Porte-avion : 

Cuirassés : 

Croiseurs : 

Sous-marins : 

				▲					2
									3
									2
									0
									3
									3
									2
									5
									0
0	5	0	3	3	2	0	1	6	

120

FUTOSHIKI

Remplissez la grille de façon à ce que chaque ligne horizontale et chaque colonne verticale contiennent tous les chiffres de 1 à 8. Les flèches dans la grille pointent toujours vers une case contenant un nombre inférieur.

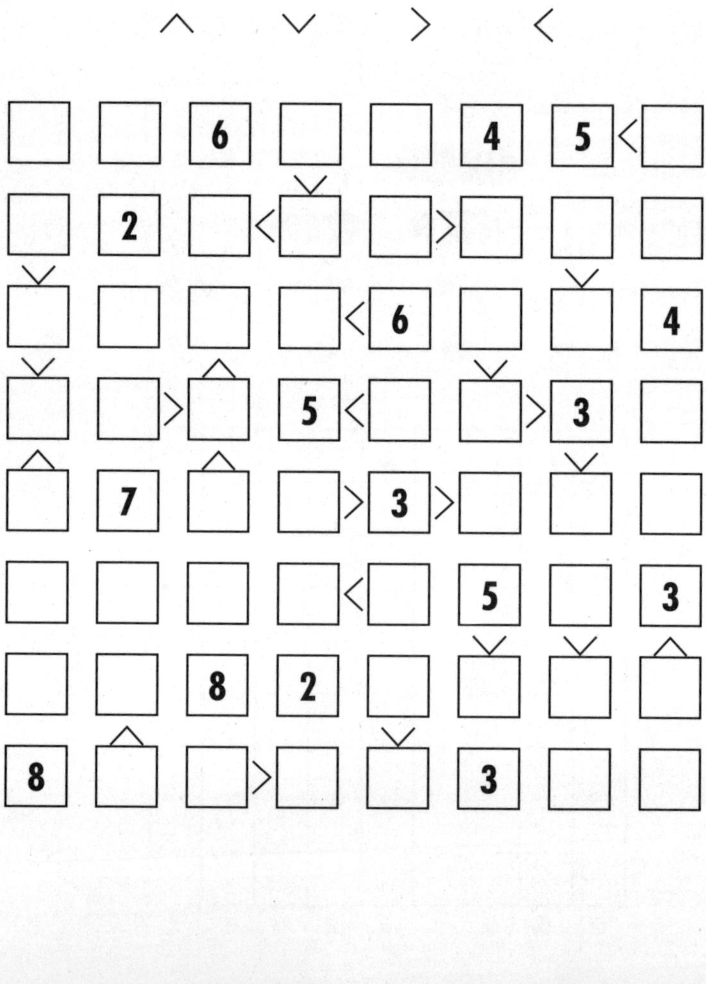

121

DOMINO

Ci-dessous, un jeu standard de 36 pièces de dominos. Serez-vous capable de retracer les contours de chacune d'elles ? Une grille de contrôle est fournie pour vous aider et une des pièces est déjà positionnée dans le schéma.

0	5	2	4	4	0	7	1
1	4	0	6	3	3	3	5
7	2	0	2	2	5	5	7
3	4	1	5	6	2	4	6
6	1	0	3	4	4	0	0
6	1	7	4	2	5	7	1
5	3	5	7	3	5	0	6
4	7	2	1	6	2	1	6
1	3	2	6	0	7	7	3

0-0	0-1	0-2	0-3	0-4	0-5	0-6	0-7	1-1	1-2	1-3	1-4

1-5	1-6	1-7	2-2	2-3	2-4	2-5	2-6	2-7	3-3	3-4	3-5

3-6	3-7	4-4	4-5	4-6	4-7	5-5	5-6	5-7	6-6	6-7	7-7

122

HIDATO

Inscrivez les nombres de 1 à 64,
en suivant un chemin d'une case à l'autre, soit horizontalement, verticalement ou en diagonale, en plaçant des chiffres consécutifs dans les cases vides au fur et à mesure.

19	18			28		36	
		22	31		35		37
6	21						
7	5	3			33	43	
		14	2	1			
		59				45	
	10		58		56		49
11	64			55		48	

123

SOMMES TOTALES

Remplissez chaque case vide de manière à ce que chaque ligne contienne dix chiffres différents de 0 à 9. Dans les colonnes, les chiffres peuvent se répéter, mais partout où une case en touche une autre, que ce soit horizontalement, verticalement ou en diagonale, les chiffres doivent être différents. Certains sont déjà en place. Les cases noires indiquent la somme totale des chiffres de chaque colonne.

7		3	9			6			
4	0				9	3		7	8
9					6	4		2	5
	7		2	9	1		8		
					8	5	0	2	
4			8		7				5
33	27	23	31	25	32	30	23	23	23

LIENS NUMÉRIQUES

En passant d'une case à l'autre, horizontalement ou verticalement (jamais en diagonale), tracez des chemins continus pour relier chaque paire de nombres identiques. Aucune ligne ne peut en croiser une autre, aucune ne peut traverser une case contenant un chiffre, et vous ne pouvez passer qu'une seule fois sur chaque case.

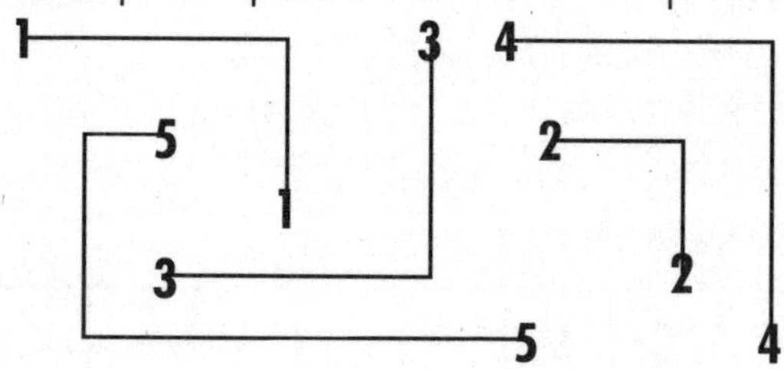

7			7	9						14
	11	1								
							16			
		5								
				13	2			2	13	
		5		9	16		4			
				1	6				12	10
							14			
	6	8		8	15			10	12	
						3				
11	15	3								4

125

ALLUMEZ LA LUMIÈRE

Placez des cercles (représentant des ampoules) dans certaines des cases vides – en évitant que deux ampoules ne s'éclairent l'une l'autre – jusqu'à ce que chaque case de la grille soit éclairée. Une ampoule envoie des rayons de lumière horizontalement et verticalement, éclairant toute sa ligne et sa colonne, à moins que sa lumière ne soit bloquée par une case noire. Certaines cases noires contiennent des chiffres, indiquant combien d'ampoules se trouvent dans des cases adjacentes, soit immédiatement au-dessus, au-dessous, à droite ou à gauche. Les ampoules placées en diagonale à côté d'une case numérotée ne sont pas comptabilisées. Une case noire non numérotée peut avoir un nombre quelconque d'ampoules adjacentes, ou aucune, et donc toutes les ampoules ne sont pas nécessairement indiquées par les cases noires.

126

GRATTE-CIELS

Placez les chiffres de 1 à 7 dans chaque ligne et colonne, un nombre par case. Chaque nombre représente un gratte-ciel avec le nombre d'étages correspondant.
Placez les gratte-ciels de sorte que le nombre à l'extérieur de la grille représente le nombre de bâtiments qui peuvent être vus à partir de ce point, en ne regardant que la ligne ou la colonne de ce nombre. Un gratte-ciel avec un nombre inférieur d'étages ne peut pas cacher un bâtiment plus haut, mais un gratte-ciel avec un nombre plus élevé d'étages cache toujours un bâtiment plus bas derrière lui.

		3	2	2		4		
4		5						2
1								2
						4		2
			4					
3				3	1			2
4	2							1
2			1					3
	4	3	4			2		

COLLECTION DE PIÈCES

Dans cette énigme, un collectionneur de pièces de monnaie est sorti avec son détecteur de métaux à la recherche d'un butin. N'ayant pas eu le temps de déterrer toutes les pièces trouvées, il a donc créé un plan sous forme de grille qui indique leurs emplacements, avec l'espoir que s'il venait à perdre la carte, personne d'autre que lui ne serait en mesure de la lire... Cependant, il n'avait pas prévu que VOUS tomberiez sur l'étrange grille (ci-dessous). Serez-vous capable de découvrir le nombre exact de pièces et leur emplacement précis ? Les cases contenant des chiffres sont vides mais la présence d'un chiffre s'y trouvant indique combien de pièces sont positionnées dans les cases (jusqu'à un maximum de huit) qui entourent la case numérotée. Il n'y a qu'une seule pièce dans chaque case individuelle. Placez un cercle dans chaque case contenant une pièce.

	2		1			2			1	1
		2			1			3		
1				3		2				
	2							1	3	3
3				4	4					
	2					2			2	
	2		2					4		
		4								1
						1		1		2
2	2		3		3			1		
1				1		1			2	1

128

PAS TROIS DE SUITE

Placez un O ou un X dans chaque case vide, de sorte qu'aucune des trois cases consécutives d'une ligne horizontale ou d'une colonne verticale ne contienne plus de deux fois le même symbole.
Il doit y avoir autant de O que de X dans chaque ligne et colonne.

	O						X	X	
				X				X	
					O		O		
						O		X	
					X			X	
						O			O
X		O	X		X		X		
X		O	X				O		
X	X			O	X				

129

COMBIKU

Chaque rangée horizontale et chaque colonne verticale doit contenir cinq formes différentes et cinq chiffres différents. Chaque case contient un chiffre et une forme, et aucune combinaison ne peut être répétée ailleurs dans la grille ; ainsi, par exemple, si une case contient un 3 et une étoile, aucune autre case contenant un 3 ne contiendra également une étoile, et aucune autre case avec une étoile ne contiendra également un 3.

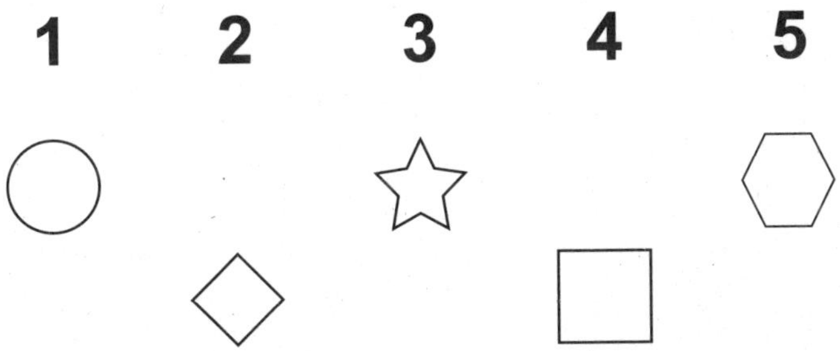

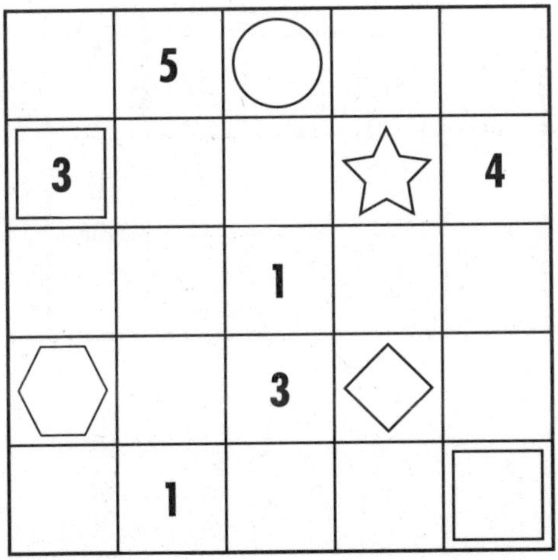

LOGI-7

Chaque ligne et chaque colonne de cette grille doit contenir une des lettres A, B, C, D, E, F et G. De plus, chacune des sept formes (marquées par des lignes plus épaisses) doit également contenir une des lettres A, B, C, D, E, F et G. Serez-vous capable de compléter la grille ?

F						
		E				G
	B			G	E	
				C		
		G		D		B
				E	D	
		D				

131

CHERCHEUR DE FORMES

La grille ci-dessous est divisée en zones de trois cases. Certaines doivent contenir trois formes différentes : un cercle, un carré et un triangle ; d'autres doivent contenir trois formes identiques. Lorsque deux cases partagent un côté à travers une frontière de région, les formes doivent être différentes.

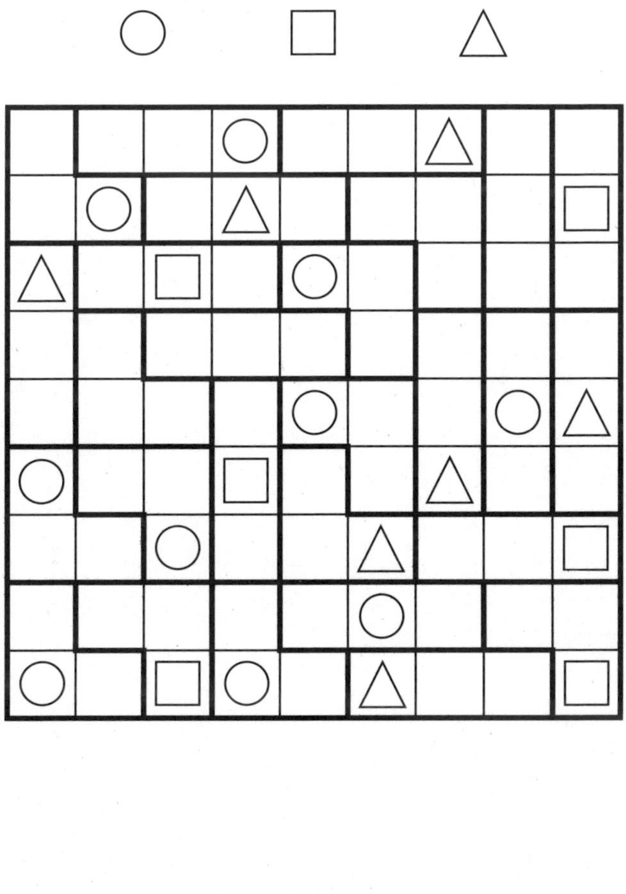

132

CHAÎNES

Remplissez chaque case vide avec un chiffre de 1 à 8. Chaque ligne horizontale, colonne verticale, ensemble de huit cercles reliés et ligne diagonale de huit cercles doit contenir huit nombres différents.

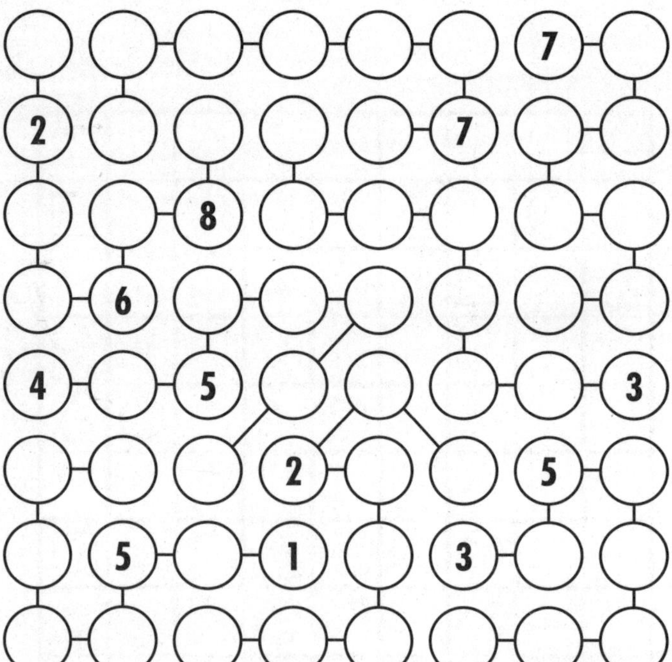

1

2	1	2	6	0	3	2
1	6	1	0	6	6	2
1	4	1	4	4	1	0
0	4	5	2	3	3	3
4	6	6	0	5	4	4
3	5	5	6	5	1	6
5	3	0	5	0	2	3
1	3	2	2	0	5	4

2

15	14	13	12	8	7	6
18	16	20	11	23	9	5
17	19	21	22	10	24	4
30	28	32	26	25	2	3
29	31	27	33	49	1	38
45	46	47	48	34	39	37
44	43	42	41	40	35	36

3

3	6	9	8	4	1	0	7	2	5
4	8	7	1	2	5	6	9	3	0
0	5	2	3	9	8	4	7	6	1
4	7	9	5	1	3	6	2	0	8
6	1	0	2	4	9	5	8	3	7
2	8	7	5	3	1	6	0	9	4
19	35	34	24	23	27	27	33	23	25

4

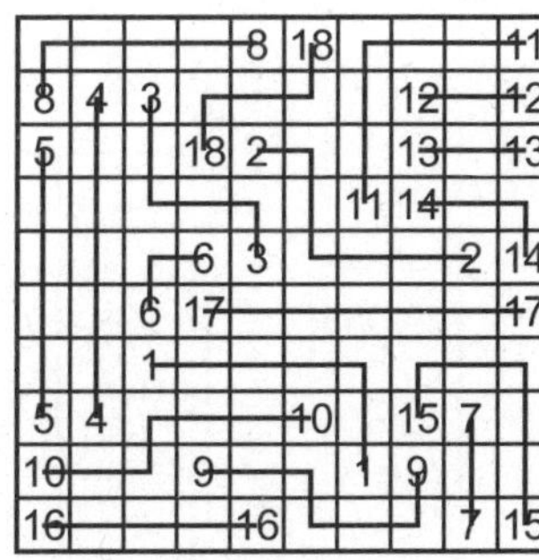

5

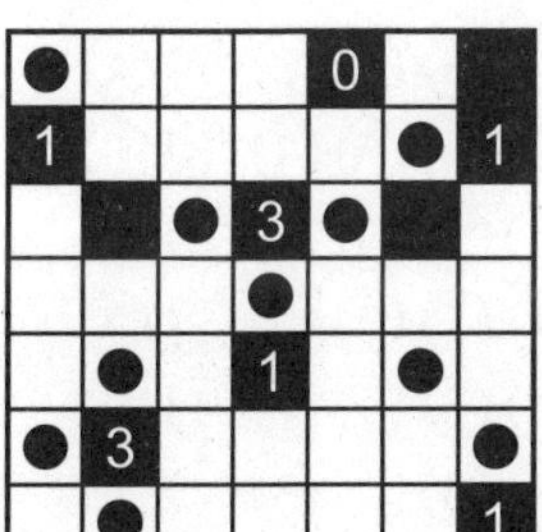

6

5	3	4	6	1	2
4	5	6	3	2	1
1	6	3	2	4	5
6	2	1	5	3	4
2	1	5	4	6	3
3	4	2	1	5	6

7

●	2	●		●				●
1		1		2		2	●	2
	2	1	3	●	4	●	3	
●		●		●	●	3	●	1
	2		4	●			3	
2	2	1		●	3	●	2	●
●	●	3				2		2
3	●	4	●		1	●	2	●
	2	●						

8

O	O	X	X	O	X	O	X
O	X	O	O	X	X	O	X
X	O	X	O	X	O	X	O
O	O	X	X	O	O	X	X
X	X	O	O	X	X	O	O
O	O	X	O	X	O	X	X
X	X	O	X	O	O	X	O
X	X	O	X	O	X	O	O

9

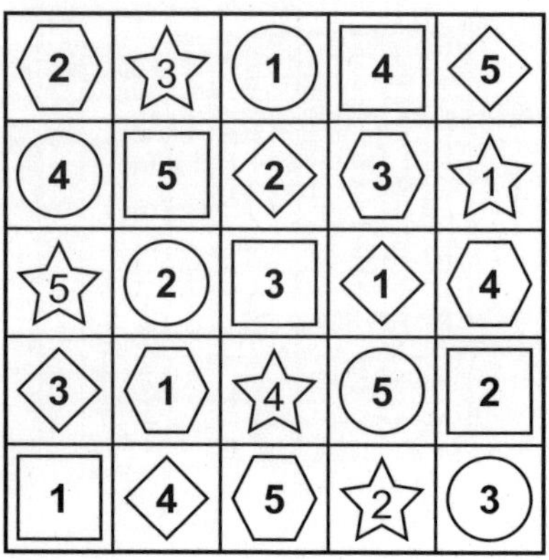

10

E	D	F	A	B	C
C	B	A	F	E	D
D	F	C	B	A	E
B	C	D	E	F	A
A	E	B	D	C	F
F	A	E	C	D	B

11

○	△	△	□	○	○	○	△
△	□	△	□	□	△	□	△
□	○	○	○	△	□	○	△
□	□	△	△	□	○	□	○
○	△	□	△	○	△	○	△
△	○	△	○	□	○	○	□
△	○	○	△	△	△	□	□
△	□	△	○	○	○	△	△
□	□	△	△	□	□	□	△

12

13

4	7	1	2	3	8	5	6
8	5	6	3	2	7	4	1
7	4	8	1	6	5	2	3
1	6	3	5	4	2	7	8
2	3	4	7	8	1	6	5
6	2	5	4	1	3	8	7
3	8	7	6	5	4	1	2
5	1	2	8	7	6	3	4

14

E	C	A	D	B	E	B	A	C	D
D	E	B	C	D	A	C	B	E	A
E	C	D	B	A	E	A	C	B	D
A	B	A	E	C	D	B	D	C	E
B	A	D	B	E	C	E	A	D	C
C	D	E	A	C	B	D	E	A	B
D	B	C	E	A	C	E	B	D	A
C	D	E	A	B	D	C	E	A	B
A	E	B	C	D	A	D	C	B	E
B	A	C	D	E	B	A	D	E	C

15

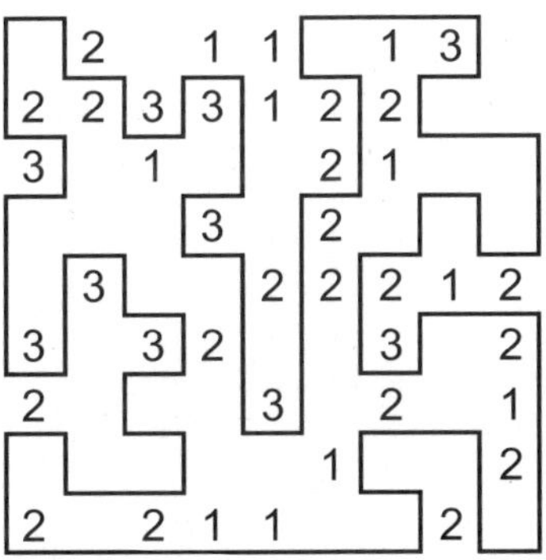

16

6	2	4	1	3	5
1	6	3	5	2	4
5	4	2	3	1	6
4	3	1	6	5	2
3	5	6	2	4	1
2	1	5	4	6	3

17

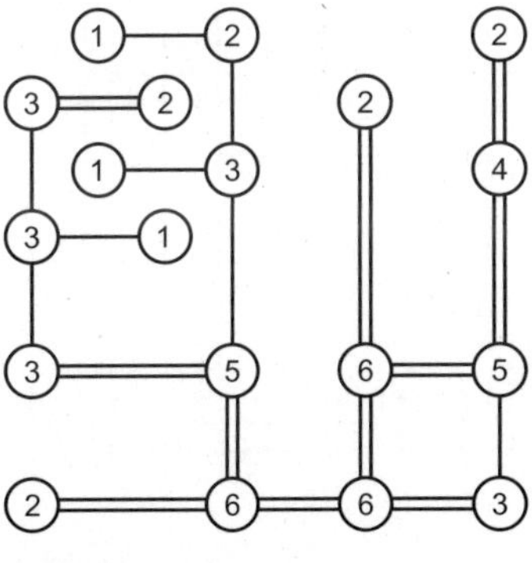

18

X	X	O	O	O	X	X	O	O	X
X	O	X	X	O	O	O	X	O	O
X	O	X	O	X	X	X	O	X	X
O	X	O	O	X	X	X	O	X	O
O	X	O	X	O	O	O	X	O	X
O	O	O	X	O	O	O	X	O	X
X	X	X	O	X	X	X	O	O	O
X	X	X	O	X	X	X	O	X	O
O	O	X	X	O	O	O	X	X	X
O	X	O	O	O	X	X	X	O	O
O	X	X	O	X	O	O	O	X	O

19

							◀	▶
	◀	■	■	▶				
							◀	▶
	▲			▲				●
	■			■				
	▼			▼			●	
	●			◀	▶			●

20

3	5	1	6	2	4	7
6	1	7	4	3	5	2
2	6	5	3	7	1	4
1	3	6	2	4	7	5
4	2	3	7	5	6	1
7	4	2	5	1	3	6
5	7	4	1	6	2	3

21

5	1	1	4	3	6	3
2	6	4	4	2	2	4
0	1	1	5	6	6	5
2	6	0	0	5	0	5
4	6	3	2	3	0	5
4	1	5	2	0	2	4
4	0	6	3	3	0	1
6	1	1	3	5	3	2

22

9	8	7	13	5	4	2
10	11	12	6	14	1	3
21	20	24	18	16	15	41
22	23	19	25	17	40	42
31	32	26	37	39	43	44
30	27	33	36	38	48	45
28	29	35	34	49	46	47

23

5	8	4	1	3	6	7	0	9	2
1	9	7	5	8	0	2	3	6	4
2	4	6	1	7	3	9	0	8	5
0	7	9	5	2	8	6	3	1	4
4	6	2	0	7	3	1	9	8	5
8	9	7	1	5	0	4	6	2	3
20	43	35	13	32	20	29	21	34	23

24

3					3				17
				8	6		5		
8	13	9				5		6	
14				13			9	4	
	2	18					18		17
		10		1			11		16
14				15		4			
						16			
2			1	15		11	7		
10		12						12	7

25

	●					
●	2				●	
			●	1		0
		●		0	1	0
		1	0		●	
	●					
	1			●	2	●

26

6	5	2	1	3	4
4	6	5	3	1	2
3	4	6	5	2	1
5	1	4	2	6	3
1	2	3	4	5	6
2	3	1	6	4	5

27

●	2	●	2	●	2		2	●
	4			2	3	●		1
●	2	●	2		●	3		1
				●	3	2	●	2
1	1			●			4	●
●		2	●	3		●	●	2
			●	4	4	●		
	2	4	●	●		●	5	●
	●	●	3			2	●	●

28

O	X	O	O	X	O	X	X
X	O	O	X	O	X	X	O
O	O	X	O	X	X	O	X
O	X	X	O	X	O	O	X
X	O	O	X	O	X	X	O
X	O	X	X	O	O	X	O
O	X	X	O	X	O	O	X
X	X	O	X	O	X	O	O

29

⬡ 2	◇ 4	☆ 5	□ 3	○ 1
◇ 1	○ 3	⬡ 4	☆ 2	□ 5
□ 4	☆ 1	○ 2	◇ 5	⬡ 3
☆ 3	⬡ 5	□ 1	○ 4	◇ 2
○ 5	□ 2	◇ 3	⬡ 1	☆ 4

30

B	A	C	E	F	D
C	E	F	A	D	B
E	F	D	C	B	A
A	D	E	B	C	F
F	B	A	D	E	C
D	C	B	F	A	E

31

□	○	○	○	□	□	□	△
□	△	□	□	○	○	○	□
□	△	△	□	△	△	△	○
△	□	○	△	□	○	□	△
□	○	□	○	△	□	△	○
□	△	△	△	□	△	□	△
□	○	○	○	□	△	△	○
○	△	△	△	□	○	□	□
○	○	□	○	△	○	○	□

32

5	2	4	7	3	6	1
1	6	3	4	7	5	2
2	5	7	3	4	1	6
6	3	1	2	5	4	7
7	4	6	5	1	2	3
4	7	2	1	6	3	5
3	1	5	6	2	7	4

33

7	6	3	8	1	4	5	2
8	3	6	5	4	1	2	7
5	4	2	1	7	8	3	6
1	7	8	2	5	3	6	4
3	8	5	6	2	7	4	1
6	1	4	3	8	2	7	5
2	5	7	4	3	6	1	8
4	2	1	7	6	5	8	3

34

C	E	B	A	D	C	D	E	B	A
E	C	E	B	A	D	C	B	A	D
C	E	D	C	B	A	E	A	D	B
B	C	A	E	D	B	D	C	E	A
A	B	D	A	C	E	B	D	C	E
D	A	B	D	E	C	A	E	B	C
E	D	C	B	A	E	C	B	A	D
B	A	E	D	C	B	E	A	D	C
A	D	C	E	B	A	B	D	C	E
D	B	A	C	E	D	A	C	E	B

35

		1	2		3	3		3
2	1			1		2		
		3				1		
		1		2			2	1
	1				1	3		
3		3	3	3			0	1
3	1			2		3		1
								2
3			3		3			3

36

5	6	4	3	1	2
4	1	2	5	6	3
6	2	5	1	3	4
3	5	1	4	2	6
2	4	3	6	5	1
1	3	6	2	4	5

37

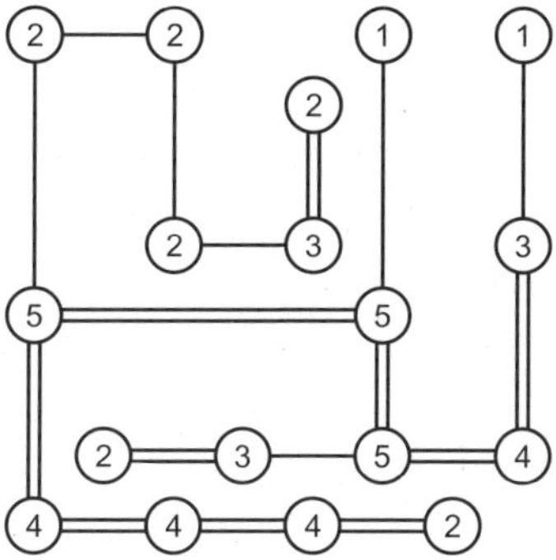

38

X	X	X	O	O	X	O	X	O	X
O	O	X	O	X	X	O	O	X	O
O	X	O	O	X	O	O	O	X	O
O	X	X	X	O	X	X	O	X	O
X	X	O	X	X	X	O	X	O	X
X	O	X	O	O	X	X	X	O	X
X	O	O	X	X	O	O	O	X	O
O	X	X	X	O	X	X	O	X	X
O	O	O	X	O	O	O	X	X	X
X	O	X	O	O	X	X	O	O	O
O	O	X	X	X	O	X	O	X	X

39

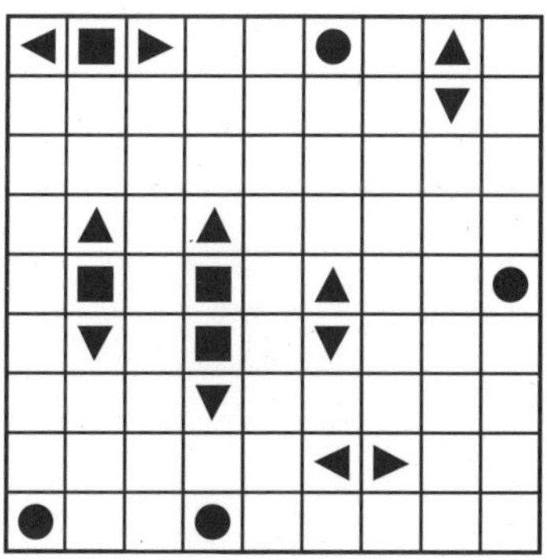

40

5	1	4	7	6	3	2
4	5	3	1	7	2	6
1	2	5	6	4	7	3
7	4	2	5	3	6	1
6	7	1	3	2	4	5
3	6	7	2	5	1	4
2	3	6	4	1	5	7

41

5	6	0	6	3	2	2
6	1	0	2	0	5	4
4	4	3	5	5	3	0
0	2	2	1	6	1	1
1	6	0	1	4	3	2
5	5	0	4	4	3	4
6	3	5	4	5	1	2
6	3	0	3	6	2	1

42

31	28	27	26	24	48	47
32	30	29	25	49	23	46
33	35	36	37	41	22	45
34	4	38	40	21	42	44
3	5	39	10	20	19	43
2	6	11	9	14	18	17
1	7	8	12	13	15	16

43

1	6	4	0	8	5	9	7	2	3
3	7	2	1	9	6	0	5	8	4
6	8	0	4	2	5	7	9	1	3
0	7	1	8	9	4	6	3	2	5
3	9	4	7	6	2	1	5	8	0
2	8	5	0	9	7	3	4	6	1
15	45	16	20	43	29	26	33	27	16

44

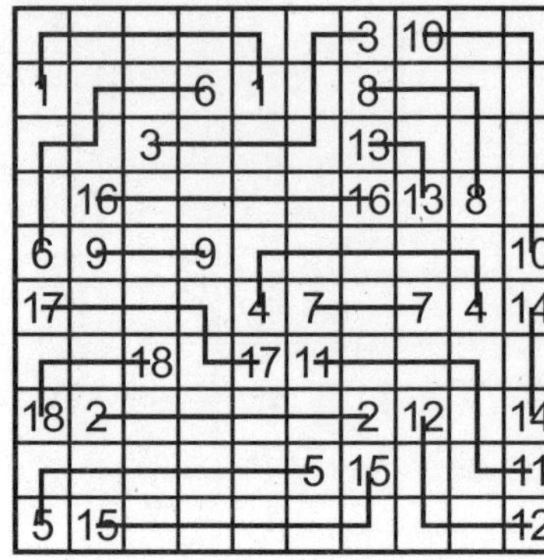

45

						●
	●		2	●		
●	3		●	3	●	■
3	●				1	
●			2	●	1	
	0		●		1	●
		●				

46

3	5	1	4	2	6
6	1	4	2	3	5
2	6	5	1	4	3
1	2	6	3	5	4
4	3	2	5	6	1
5	4	3	6	1	2

47

●	2	●		●	3	●	3	●
2		2		2	5	●		2
●		●		●	4	●	4	●
●	4		4		3	●		
2	3	●	●	2		4	●	1
●	3	3		2	●	●	3	
2		●	1			4	●	1
●		2			●		3	
1	2	●		1	1		●	●

48

X	O	O	X	O	O	X	X
O	X	X	O	X	X	O	O
O	O	X	O	X	O	X	X
X	O	O	X	O	X	X	O
O	X	X	O	X	X	O	O
O	X	X	O	X	O	O	X
X	O	O	X	O	O	X	X
X	X	O	X	O	X	O	O

49

◇ 1	⬡ 5	☆ 3	□ 2	○ 4
□ 3	◇ 2	○ 5	☆ 4	⬡ 1
☆ 5	□ 4	⬡ 2	○ 1	◇ 3
⬡ 4	○ 3	□ 1	◇ 5	☆ 2
○ 2	☆ 1	◇ 4	⬡ 3	□ 5

50

C	D	F	B	A	E
A	B	E	F	D	C
F	E	A	C	B	D
E	C	D	A	F	B
B	A	C	D	E	F
D	F	B	E	C	A

51

△	△	△	○	△	○	□	□
○	□	○	△	□	○	△	□
□	○	△	○	△	○	□	○
△	○	○	□	○	□	△	△
□	□	△	△	□	△	○	△
△	□	○	△	○	○	□	□
△	△	○	○	△	○	△	□
□	○	□	△	○	□	△	△
□	□	○	□	△	○	○	○

52

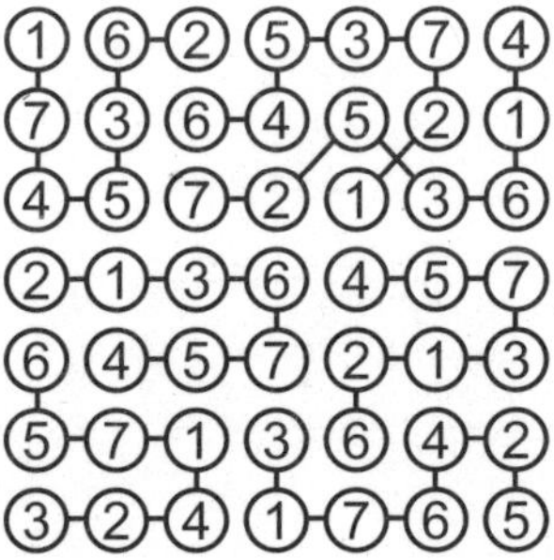

53

7	8	1	6	3	2	5	4
8	3	2	5	6	7	4	1
6	7	8	1	4	3	2	5
1	6	5	8	7	4	3	2
4	1	6	7	2	5	8	3
3	2	7	4	5	1	6	8
5	4	3	2	1	8	7	6
2	5	4	3	8	6	1	7

54

A	B	A	E	C	D	B	D	E	C
E	D	E	D	B	A	C	A	C	B
C	E	C	B	D	E	A	B	D	A
B	C	B	E	A	C	D	E	A	D
D	A	D	A	C	B	E	C	B	E
A	E	C	B	D	A	D	E	C	B
B	D	E	C	A	B	A	D	E	C
D	C	B	A	E	D	E	C	B	A
E	A	D	C	B	E	C	B	A	D
C	B	A	D	E	C	B	A	D	E

55

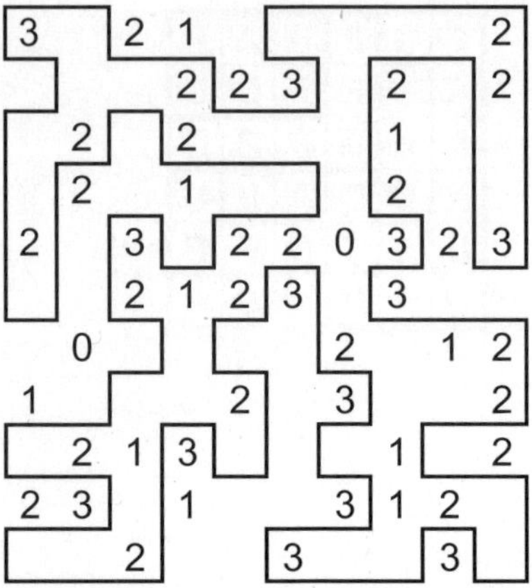

56

5	7	3	1	6	4	2
2	1	4	5	3	7	6
6	5	7	3	4	2	1
3	6	2	4	1	5	7
1	4	5	7	2	6	3
7	2	1	6	5	3	4
4	3	6	2	7	1	5

57

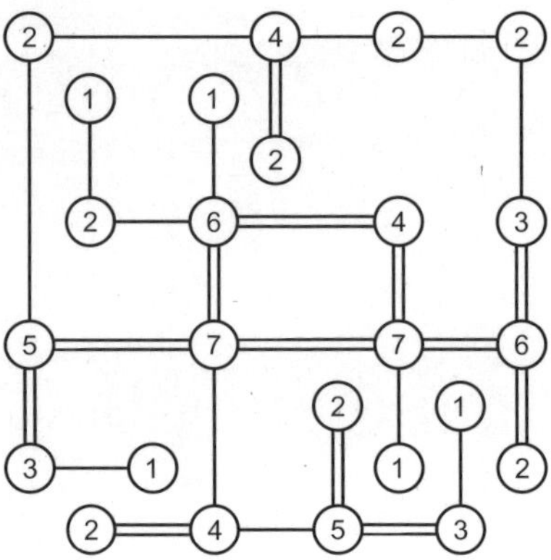

58

O	X	X	X	O	O	X	X	O	X
O	O	X	X	X	O	X	X	X	O
O	O	X	O	O	O	X	O	X	X
X	X	O	O	X	X	O	X	O	O
O	O	X	X	O	X	O	X	X	O
X	X	O	O	O	X	X	O	X	O
O	O	O	X	X	O	O	O	X	X
O	X	X	X	O	O	X	X	O	X
X	X	O	O	X	X	O	X	O	O
O	O	X	O	X	X	O	X	X	X
X	X	O	O	X	O	O	O	X	O

59

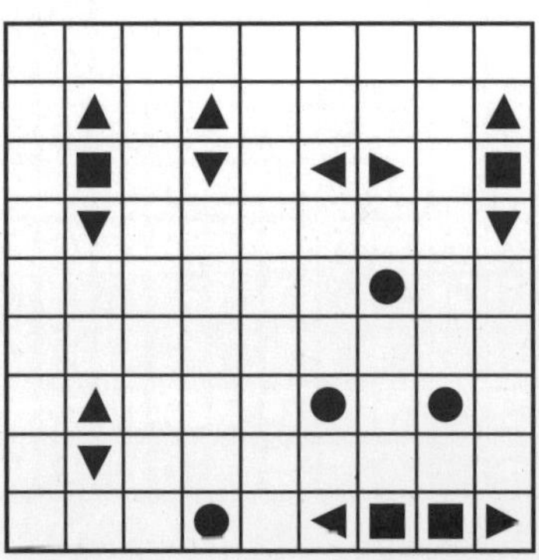

60

2	4	7	3	5	6	1
5	7	6	4	1	3	2
3	5	4	1	7	2	6
6	3	1	2	4	5	7
1	6	2	7	3	4	5
7	2	3	5	6	1	4
4	1	5	6	2	7	3

61

5	6	5	5	2	5	0
2	1	3	6	2	4	6
5	2	3	6	4	4	1
1	6	0	0	2	5	4
0	4	3	0	1	0	2
3	3	2	1	6	5	0
2	1	4	4	4	1	3
0	1	5	3	3	6	6

62

39	40	35	34	33	28	27
41	38	43	36	32	26	29
17	42	37	44	25	31	30
18	16	21	24	45	49	47
19	20	15	22	23	46	48
3	1	5	14	8	9	10
2	4	6	7	13	12	11

63

7	3	8	1	5	2	4	9	0	6
4	0	9	3	8	6	5	2	1	7
7	1	2	5	4	0	3	6	9	8
8	9	0	3	6	7	1	5	2	4
6	1	7	8	4	2	3	0	9	5
8	9	4	1	3	0	7	5	6	2
40	23	30	21	30	17	23	27	27	32

64

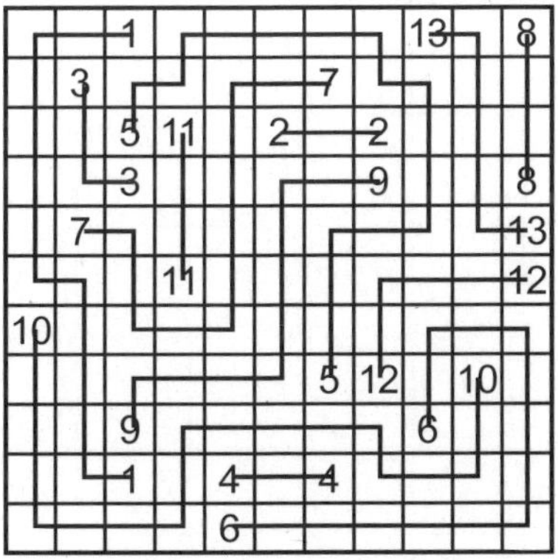

65

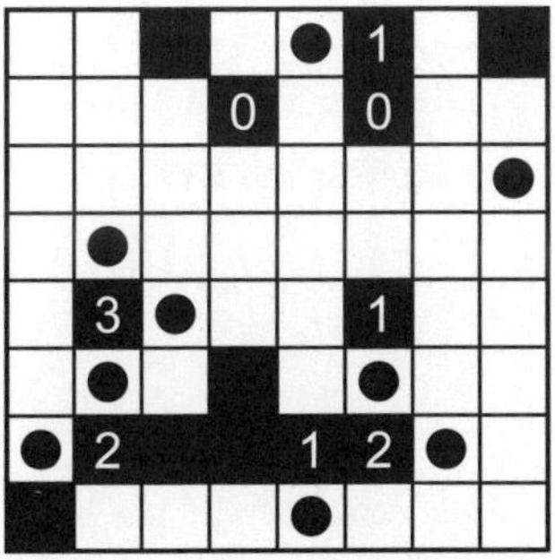

66

5	2	1	4	3	6
4	5	2	6	1	3
2	1	3	5	6	4
1	6	4	3	5	2
6	3	5	2	4	1
3	4	6	1	2	5

67

1	1	1	2	●	2	●	●	2
●	2		●		3		●	3
3	●	3		3	●	4	●	2
2	●			●	5	●	3	
3	3		●	4	●	●		2
●	●	5	●			4	●	●
3	●	●	4	●	2	●		2
	3		●	3				1
●		1		2	●		1	●

68

X	O	O	X	O	X	X	O
O	O	X	O	X	O	X	X
O	X	O	O	X	X	O	X
X	O	X	X	O	O	X	O
O	X	O	O	X	X	O	X
O	X	X	O	X	O	O	X
X	O	X	X	O	O	X	O
X	X	O	X	O	X	O	O

69

◇ 5	☆ 3	□ 2	○ 4	⬡ 1
☆ 2	○ 1	⬡ 3	□ 5	◇ 4
⬡ 4	◇ 2	○ 5	☆ 1	□ 3
□ 1	⬡ 5	☆ 4	◇ 3	○ 2
○ 3	□ 4	◇ 1	⬡ 2	☆ 5

70

A	C	E	D	F	B
D	B	F	E	C	A
C	E	B	A	D	F
F	A	D	C	B	E
E	F	C	B	A	D
B	D	A	F	E	C

71

○	□	□	○	○	△	□	□
○	○	□	△	○	△	△	□
□	△	△	○	△	○	○	○
□	□	△	□	○	△	□	□
△	○	○	△	□	△	△	□
△	△	○	△	△	□	○	○
○	□	△	□	○	□	□	○
○	□	□	○	△	○	△	□
○	△	△	△	□	△	□	○

72

73

8	7	5	4	2	3	1	6
4	1	8	6	3	2	7	5
2	3	6	7	4	1	5	8
7	5	4	1	6	8	3	2
5	8	3	2	1	4	6	7
3	6	1	8	5	7	2	4
1	4	2	5	7	6	8	3
6	2	7	3	8	5	4	1

74

B	A	E	C	D	B	D	E	A	C
C	B	D	A	C	E	A	D	B	E
B	A	C	D	E	B	E	A	D	C
E	D	E	B	A	C	D	C	A	B
D	E	C	D	B	A	B	E	C	A
A	C	B	E	A	D	C	B	E	D
C	D	A	B	E	A	B	D	C	E
A	C	B	E	D	C	A	B	E	D
E	B	D	A	C	E	C	A	D	B
D	E	A	C	B	D	E	C	B	A

75

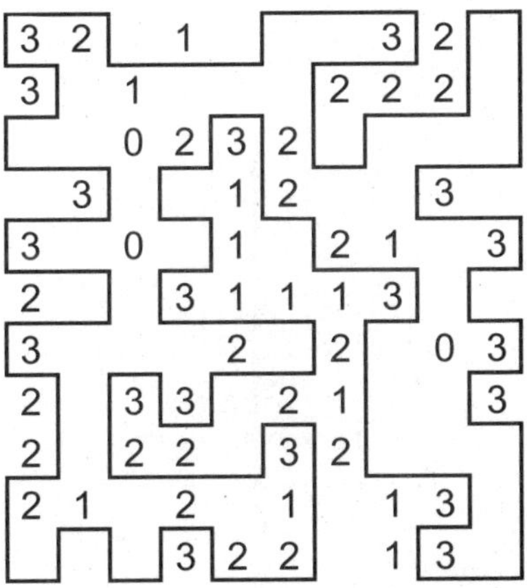

76

2	4	1	5	6	7	3
5	2	7	1	4	3	6
1	5	4	7	3	6	2
7	3	2	6	1	5	4
4	6	5	3	2	1	7
6	1	3	4	7	2	5
3	7	6	2	5	4	1

77

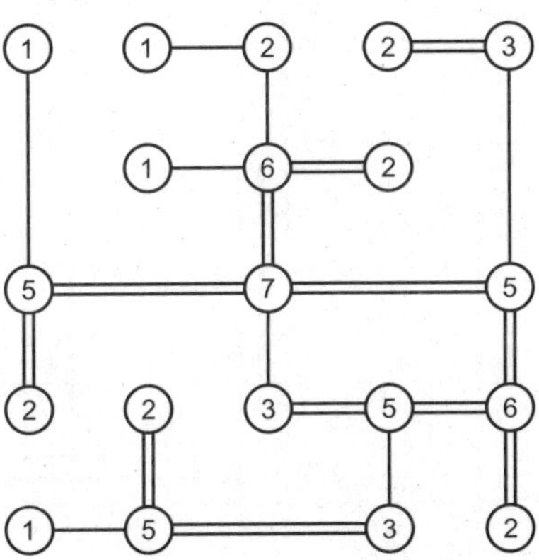

78

X	X	O	O	O	X	X	O	O	O
O	O	X	O	O	O	X	O	X	O
X	O	O	O	X	X	O	O	O	X
O	X	X	X	O	X	X	X	O	O
X	O	X	O	X	X	O	O	X	X
O	O	X	O	X	O	O	X	O	X
X	X	O	O	O	X	X	O	O	O
X	O	X	X	X	O	X	O	X	O
X	O	O	X	X	O	X	O	O	O
O	X	O	O	O	X	O	X	O	X
O	O	X	X	X	O	O	O	X	O

79

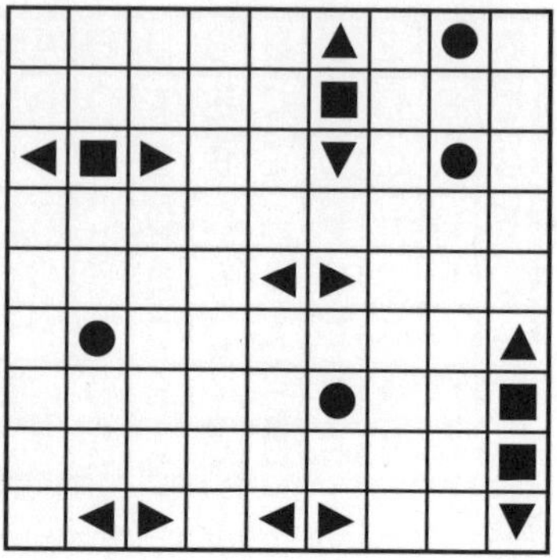

80

6	4	3	2	7	1	5
4	5	6	3	2	7	1
3	6	7	1	4	5	2
2	3	5	4	1	6	7
1	2	4	7	5	3	6
7	1	2	5	6	4	3
5	7	1	6	3	2	4

81

2	3	2	2	5	4	4
5	3	6	1	0	3	6
5	3	0	3	5	2	1
2	0	0	6	0	5	5
4	4	5	0	3	4	5
2	3	0	6	1	1	6
2	1	4	6	2	4	1
3	6	1	6	1	4	0

82

28	29	30	31	32	42	41
27	23	24	33	43	45	40
26	25	22	34	44	39	46
18	21	36	35	38	47	49
17	19	20	37	2	3	48
15	16	12	10	9	1	4
14	13	11	8	7	6	5

83

7	8	4	6	5	2	0	1	3	9
9	2	7	0	1	3	5	4	8	6
8	5	3	6	7	9	0	1	2	4
7	1	4	2	8	6	5	3	0	9
8	5	9	1	7	3	0	4	6	2
3	4	6	0	5	2	1	7	9	8
42	25	33	15	33	25	11	20	28	38

84

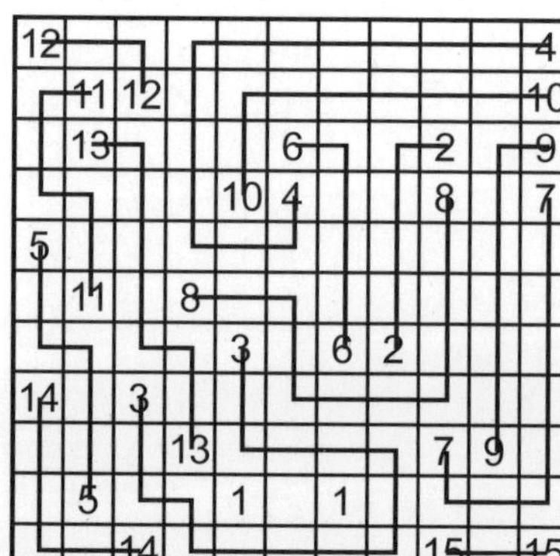

85

	0		●	■	1	●	
		●	■	●			
			●			2	●
●					2	●	2
1					●		1
	●	2		■			●
		●	2	0			
0			●				

86

4	3	6	1	2	5
2	4	5	6	3	1
6	5	4	3	1	2
5	1	3	2	4	6
1	6	2	4	5	3
3	2	1	5	6	4

87

		●	3	2	●	2	●	●
1	●	●	●		2		4	3
2			●		2	●	2	●
●		4	●	5	●		3	2
2	3	●	●		●	3	2	●
●	3				3	●		3
2	3	●		2	●	4	●	●
●	3		4	●	3		●	3
		●	3	●	2		1	

88

X	X	O	O	X	O	O	X
X	O	X	O	O	X	X	O
O	X	O	X	O	O	X	X
O	O	X	O	X	X	O	X
X	O	X	X	O	O	X	O
O	X	O	X	X	O	X	O
O	O	X	O	X	X	O	X
X	X	O	X	O	X	O	O

89

3 (hexagon)	4 (star)	5 (square)	2 (diamond)	1 (circle)
2 (square)	1 (hexagon)	4 (circle)	5 (star)	3 (diamond)
1 (star)	5 (diamond)	2 (hexagon)	3 (circle)	4 (square)
5 (circle)	3 (square)	1 (diamond)	4 (hexagon)	2 (star)
4 (diamond)	2 (circle)	3 (star)	1 (square)	5 (hexagon)

90

A	F	C	B	D	E
D	A	E	C	F	B
C	E	B	D	A	F
E	D	F	A	B	C
F	B	A	E	C	D
B	C	D	F	E	A

91

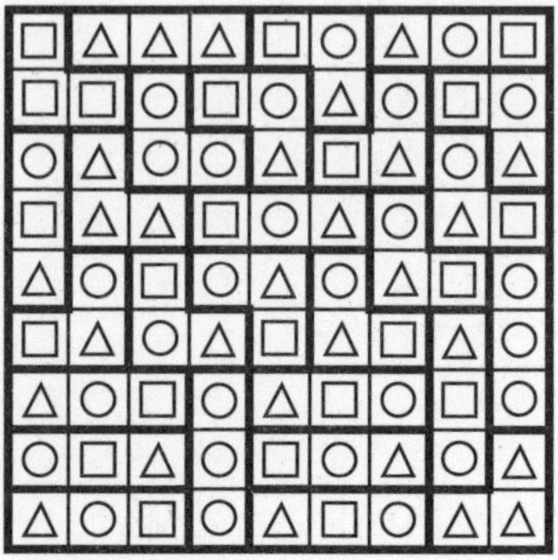

92

93

4	9	3	6	8	1	7	2	5
9	8	7	1	2	5	6	3	4
2	3	5	4	6	7	1	8	9
1	4	9	8	5	3	2	7	6
8	5	4	3	1	2	9	6	7
7	6	1	2	3	9	4	5	8
3	2	8	7	9	6	5	4	1
5	7	6	9	4	8	3	1	2
6	1	2	5	7	4	8	9	3

94

D	E	C	B	F	A	E	D	C	B	F	A
E	A	D	C	B	F	D	C	A	E	B	F
D	E	C	F	D	B	A	E	C	B	F	A
E	A	E	D	B	C	F	D	B	C	A	F
C	D	A	B	F	E	C	B	A	F	D	E
B	C	F	A	E	D	B	F	E	A	C	D
F	D	A	F	C	B	E	A	D	E	B	C
A	C	B	A	E	F	D	C	F	D	E	B
C	B	F	D	A	E	B	E	D	F	A	C
B	F	D	E	C	A	C	A	F	D	E	B
F	B	E	C	A	D	F	B	E	A	C	D
A	F	B	E	D	C	A	F	B	C	D	E

95

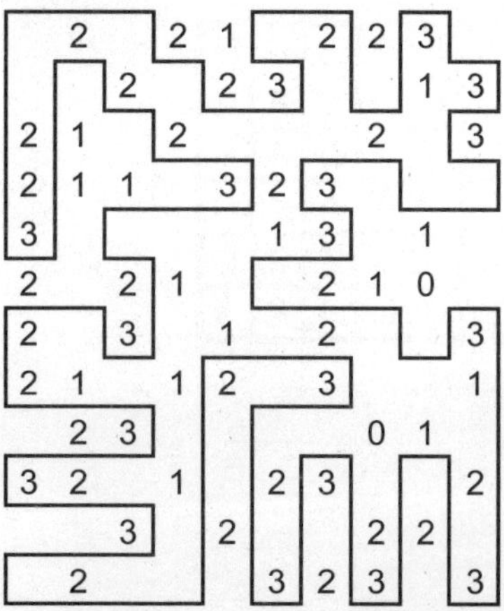

96

7	2	5	6	4	3	1	8
8	7	4	2	6	1	5	3
2	3	1	5	7	8	6	4
5	1	6	4	8	7	3	2
3	6	2	8	5	4	7	1
4	5	7	1	3	2	8	6
1	8	3	7	2	6	4	5
6	4	8	3	1	5	2	7

97

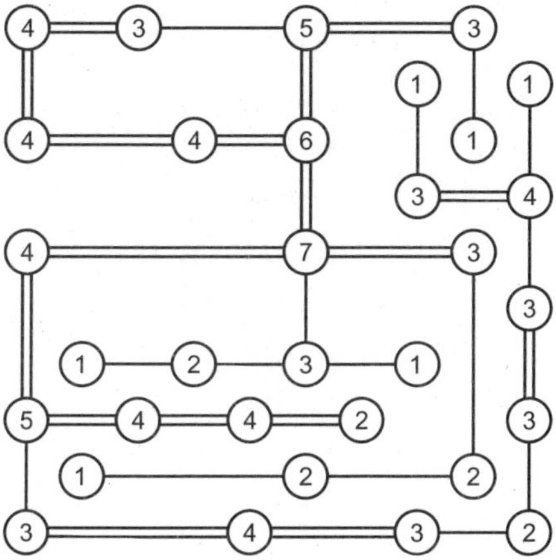

98

O	O	X	O	X	X	O	X	O	X
O	X	O	X	O	O	O	X	X	O
X	X	X	O	O	X	X	O	X	X
O	O	X	X	X	O	O	X	O	X
O	X	X	X	O	X	O	O	O	X
X	X	O	X	O	O	X	X	X	O
O	O	X	O	O	O	X	O	X	X
O	X	O	X	X	X	O	O	O	X
O	X	O	O	O	X	O	X	O	X
X	X	X	O	X	O	X	X	O	O
X	O	O	X	X	X	O	O	X	O
X	X	O	X	O	O	O	X	X	X
O	X	O	O	X	X	O	X	O	X

99

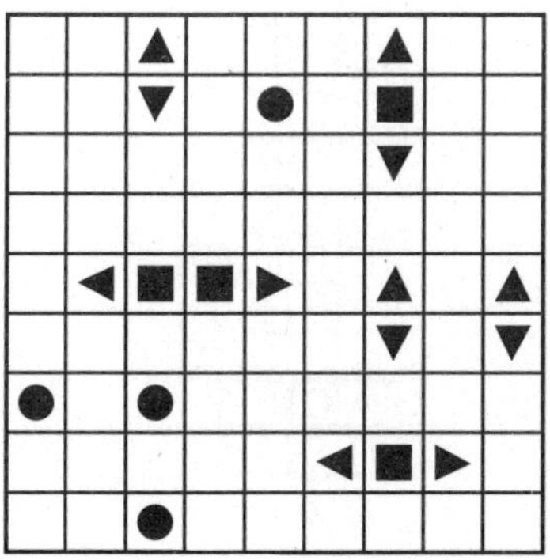

100

7	4	5	8	2	6	3	1
1	6	3	2	7	4	5	8
3	1	2	7	5	8	4	6
6	2	4	3	1	7	8	5
2	3	1	4	8	5	6	7
8	5	6	1	4	2	7	3
4	8	7	5	6	3	1	2
5	7	8	6	3	1	2	4

101

1	7	1	6	3	1	0	0
0	2	5	4	5	6	7	1
1	0	6	7	5	3	3	1
4	3	6	2	5	4	2	3
5	1	3	7	6	4	6	2
1	4	1	2	7	0	6	0
6	4	5	3	7	7	2	3
7	0	5	5	7	0	0	4
4	3	4	2	6	2	2	5

102

34	33	28	29	8	9	13	11
32	35	30	27	7	14	10	12
36	31	26	4	15	6	17	19
37	25	3	23	5	16	20	18
38	2	24	51	22	21	64	61
1	39	49	50	52	63	62	60
40	42	45	48	53	56	57	59
41	43	44	46	47	54	55	58

103

7	5	4	9	8	0	1	3	6	2
3	0	6	7	1	2	8	4	5	9
4	9	2	8	5	6	3	0	1	7
2	0	7	1	3	9	4	8	5	6
6	1	9	2	5	8	0	7	3	4
4	3	0	8	7	6	5	1	9	2
26	18	28	35	29	31	21	23	29	30

104

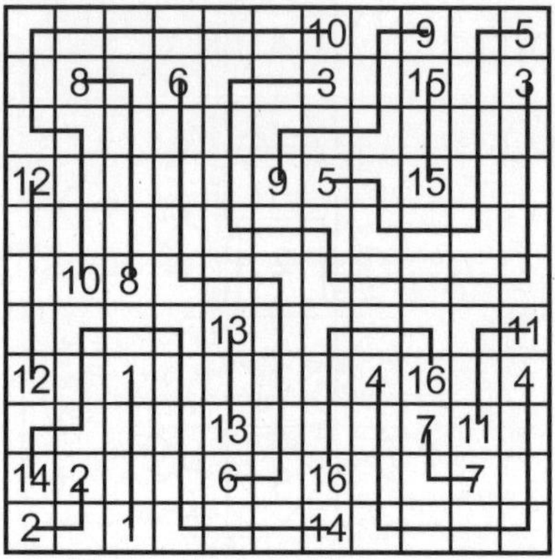

105

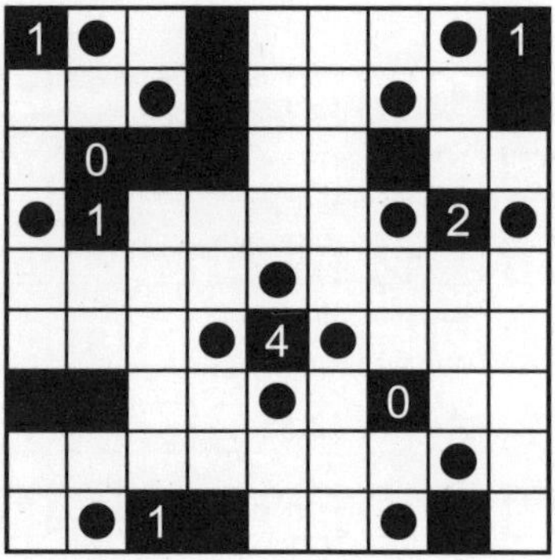

106

2	6	1	4	5	7	3
4	5	2	1	6	3	7
5	2	7	3	1	6	4
6	4	3	2	7	1	5
3	7	6	5	2	4	1
7	1	4	6	3	5	2
1	3	5	7	4	2	6

107

1	2	1		●	●		●	2	●	
●		●		●	4		1		1	
2		●		●	5			1		
●	4	●	6	●	●	●	2		●	2
1		●	●	5	●	●			●	4
1		4	5		●	●	●	4	●	●
●	2	●	●	●	4	4	4	●		2
		2		3		●	4	3	3	
●		2		●	2	3	●	●		●
2	●	●	3			3	●		4	●
1				●	1		●	3	●	2

108

O	O	X	O	O	X	X	O	X	X
O	O	X	O	X	O	X	O	X	X
X	X	O	X	O	X	O	X	O	O
O	O	X	O	O	X	X	O	X	X
O	X	O	X	X	O	O	X	O	X
X	O	X	O	X	X	O	O	X	O
X	X	O	X	O	O	X	X	O	O
O	O	X	O	X	O	X	X	O	X
X	X	O	X	O	X	O	O	X	O
X	X	O	X	X	O	O	X	O	O

109

☆5	⬡2	○4	◇1	□3
○2	◇3	⬡1	□5	☆4
◇4	☆1	□2	○3	⬡5
□1	○5	☆3	⬡4	◇2
⬡3	□4	◇5	☆2	○1

110

E	G	D	F	A	C	B
A	B	E	C	D	G	F
F	C	G	B	E	D	A
D	F	B	G	C	A	E
B	D	A	E	G	F	C
C	A	F	D	B	E	G
G	E	C	A	F	B	D

111

○	□	△	□	△	□	△	○	△
△	○	△	△	○	△	○	□	○
□	△	□	□	□	○	□	△	□
△	○	○	○	△	□	△	○	△
○	□	□	□	△	△	□	△	△
□	○	△	○	○	□	△	○	□
○	△	○	□	○	□	□	△	○
△	□	△	△	△	○	○	○	□
□	○	○	○	□	□	□	△	○

112

8	6	4	2	3	5	7	1
5	7	1	4	8	2	3	6
7	2	3	5	1	8	6	4
6	8	2	1	5	7	4	3
4	1	8	7	6	3	5	2
3	5	6	8	2	4	1	7
1	4	5	3	7	6	2	8
2	3	7	6	4	1	8	5

113

5	6	8	3	2	1	9	4	7
1	8	9	6	5	3	4	7	2
8	5	7	4	6	9	1	2	3
9	4	5	1	8	7	2	3	6
4	7	3	2	1	8	5	6	9
3	1	6	9	4	2	7	5	8
6	3	2	7	9	4	8	1	5
7	2	1	8	3	5	6	9	4
2	9	4	5	7	6	3	8	1

114

C	A	E	F	B	D	A	C	B	D	E	F
A	F	B	E	D	C	E	F	C	A	B	D
F	C	A	D	E	F	C	B	A	B	D	E
C	A	F	A	C	E	B	D	F	E	B	D
A	D	A	C	B	D	F	E	C	F	E	B
E	F	C	B	F	A	E	D	B	D	A	C
B	E	F	D	E	B	A	C	D	A	C	F
D	B	C	B	D	E	F	A	E	C	F	A
F	D	E	A	C	B	C	F	A	B	D	E
E	B	D	F	A	C	D	E	F	C	A	B
D	C	B	E	F	A	B	A	D	E	F	C
B	E	D	C	A	F	D	B	E	F	C	A

115

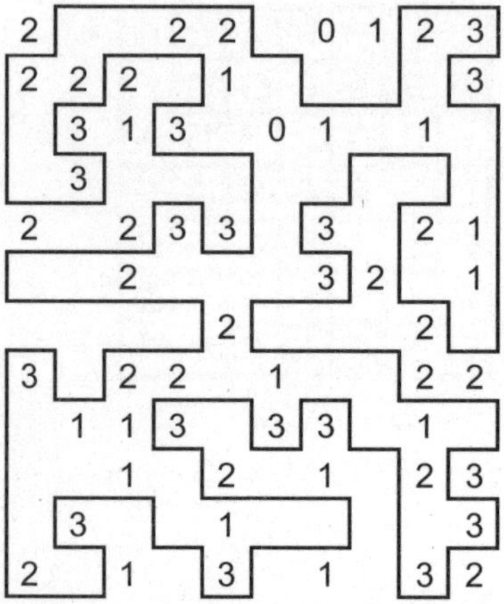

116

3	5	8	4	1	2	6	7
8	2	5	7	6	4	3	1
5	3	1	6	2	8	7	4
7	1	2	3	5	6	4	8
6	8	4	2	3	7	1	5
1	7	6	8	4	5	2	3
4	6	7	1	8	3	5	2
2	4	3	5	7	1	8	6

117

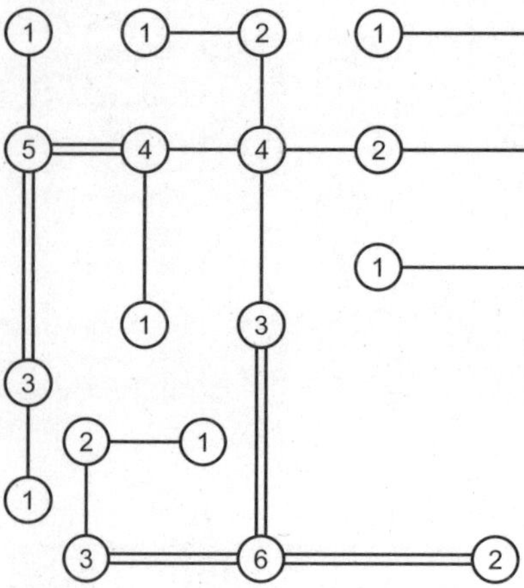

118

O	X	O	O	X	O	O	X	X	O
X	O	X	X	O	O	X	O	X	O
O	X	X	X	O	X	X	X	O	X
O	O	X	X	O	O	O	X	X	X
X	X	O	O	X	X	X	O	O	O
O	O	X	X	X	O	O	X	X	X
O	X	O	X	X	X	O	O	O	X
O	X	O	O	O	X	X	O	O	O
X	O	O	X	X	O	O	O	X	X
X	O	X	X	O	X	X	X	O	X
X	X	O	O	X	O	X	O	X	X
O	X	X	O	X	O	O	O	X	O
X	O	O	O	X	X	O	X	X	O

119

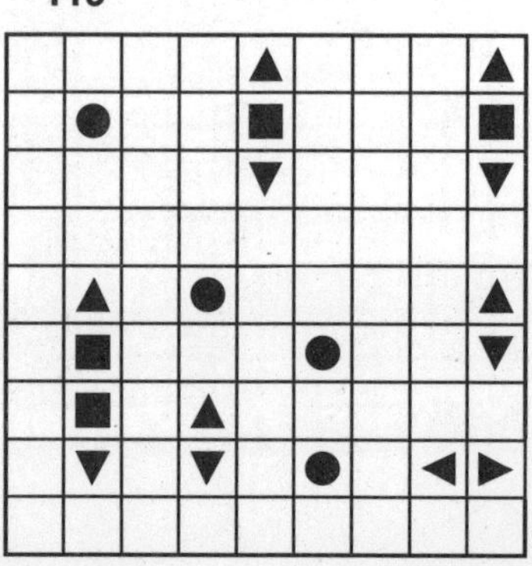

120

3	1	6	7	2	4	5	8
5	2	3	4	7	6	8	1
2	5	1	3	6	8	7	4
1	6	4	5	8	7	3	2
4	7	5	8	3	2	1	6
7	8	2	1	4	5	6	3
6	3	8	2	5	1	4	7
8	4	7	6	1	3	2	5

121

0	5	2	4	4	0	7	1
1	4	0	6	3	3	3	5
7	2	0	2	2	5	5	7
3	4	1	5	6	2	4	6
6	1	0	3	4	4	0	0
6	1	7	4	2	5	7	1
5	3	5	7	3	5	0	6
4	7	2	1	6	2	1	6
1	3	2	6	0	7	7	3

122

19	18	30	29	28	27	36	38
20	17	22	31	26	35	39	37
6	21	16	23	32	25	34	40
7	5	3	15	24	33	43	41
8	4	14	2	1	44	51	42
9	13	59	60	57	52	45	50
12	10	61	58	53	56	46	49
11	64	63	62	55	54	48	47

123

7	2	3	9	0	1	6	8	5	4
4	0	6	2	5	9	3	1	7	8
9	8	1	3	7	6	4	0	2	5
6	7	5	2	9	1	3	8	4	0
3	9	6	7	4	8	5	0	2	1
4	1	2	8	0	7	9	6	3	5
33	27	23	31	25	32	30	23	23	23

124

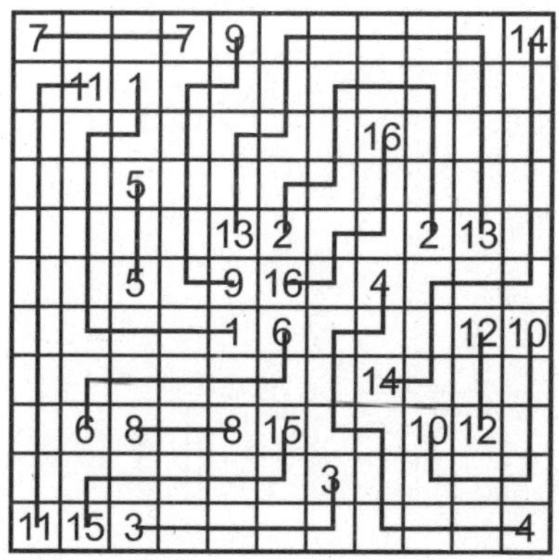

125

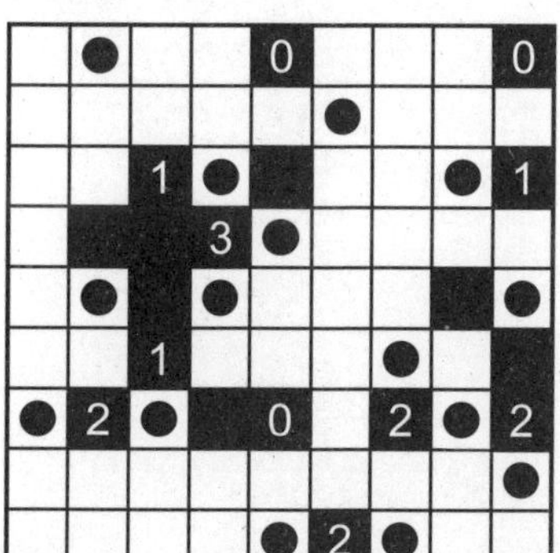

126

1	5	3	6	7	2	4
7	3	2	5	4	1	6
3	6	7	1	2	4	5
6	7	4	2	3	5	1
5	4	6	3	1	7	2
2	1	5	4	6	3	7
4	2	1	7	5	6	3

127

●	2	●	1		●	2	●		1	1
		2			1			3	●	
1			●	3		2			●	●
●	2			●	●	●		1	3	3
3	●		●	4	4					●
●	2			●		2	●	●	2	
	2		2				●	4		
	●	4	●						●	1
	●		●	●		1		1		2
2	2		3	●	3	●		1		●
1	●			1		1		●	2	1

128

O	O	X	O	X	X	O	X	X	O
O	O	X	O	X	O	X	O	X	X
X	X	O	X	O	O	X	O	O	X
O	O	X	O	X	X	O	X	X	O
O	O	X	O	O	X	X	O	X	X
X	X	O	X	X	O	O	X	O	O
X	X	O	X	O	X	O	X	O	O
O	O	X	O	X	O	X	O	X	X
X	X	O	X	O	O	X	O	O	X
X	X	O	X	O	X	O	X	O	O

129

◇ 1	☆ 5	○ 4	□ 2	⬡ 3
□ 3	○ 2	⬡ 5	☆ 1	◇ 4
○ 5	◇ 3	□ 1	⬡ 4	☆ 2
⬡ 2	□ 4	☆ 3	◇ 5	○ 1
☆ 4	⬡ 1	◇ 2	○ 3	□ 5

130

F	G	C	E	A	B	D
C	D	E	A	B	F	G
A	B	F	D	G	E	C
D	E	A	B	C	G	F
E	A	G	F	D	C	B
G	F	B	C	E	D	A
B	C	D	G	F	A	E

131

○	△	□	○	□	○	△	□	△
○	○	△	△	△	□	□	○	□
△	□	□	□	○	△	□	△	○
△	○	△	△	△	□	△	○	△
△	○	○	□	○	○	△	○	△
○	□	△	□	△	○	△	○	△
□	△	○	□	△	△	□	□	□
○	□	□	△	○	○	○	△	○
○	○	□	○	□	△	□	○	□

132

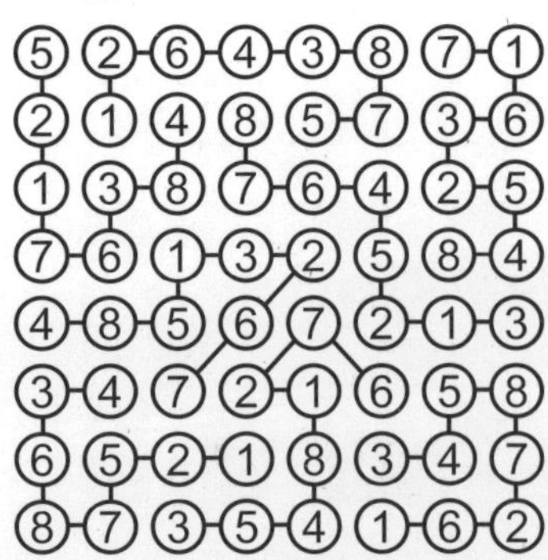